Schriftenreihe zur Praxis
der Leibeserziehung und des Sports
Band 38

Schriftenreihe zur Praxis
der Leibeserziehung und des Sports
Band 38

Wolfgang Heinrich

Spielerische Wassergewöhnung

im Anfänger-Schwimmunterricht

Bedeutung, Wirkung und Durchführung
der Wassergewöhnung, dargestellt in einer
Unterrichtseinheit für die schulische Praxis

Verlag Karl Hofmann
Schorndorf

Die Deutsche Bibliothek — CIP-Einheitsaufnahme

Heinrich, Wolfgang:
Spielerische Wassergewöhnung im Anfänger-Schwimmunterricht : Bedeutung, Wirkung und Durchführung der Wassergewöhnung, dargestellt in einer Unterrichtseinheit für die schulische Praxis / Wolfgang Heinrich. — 6., unveränd. Aufl. — Schorndorf : Hofmann, 1995
(Schriftenreihe zur Praxis der Leibeserziehung und des Sports ; Bd. 38)
ISBN 3-7780-5386-8
NE: GT

Bestellnummer 5386

© *1970 by Verlag Karl Hofmann, Schorndorf*

6., unveränderte Auflage 1995

Alle Rechte vorbehalten. Ohne ausdrückliche Genehmigung des Verlags ist es nicht gestattet, die Schrift oder Teile daraus auf fototechnischem Wege zu vervielfältigen. Dieses Verbot — ausgenommen die in § 53, 54 URG genannten Sonderfälle — erstreckt sich auch auf die Vervielfältigung für Zwecke der Unterrichtsgestaltung. Als Vervielfältigung gelten alle Reproduktionsverfahren einschließlich der Fotokopie.

Zeichnungen: Marianne Wilhelm
Fotos: Vom Verfasser
Titelfoto: Arthur Maag

Erschienen als Band 38 der „Schriftenreihe zur Praxis der Leibeserziehung und des Sports"

Gesamtherstellung in der Hausdruckerei des Verlags
Printed in Germany · ISBN 3-7780-5386-8

Inhalt

VORWORT 7

A. GRUNDSÄTZLICHE Überlegungen 9
   I. Ziel des Schwimmunterrichtes in der Schule 9
   II. Die Aufgaben der Wassergewöhnung im Anfänger-Schwimmunterricht   11
   III. Die Angst vor dem Wasser 13
      1. *Physische Einwirkungen des Wassers* 13
      2. *Die Einwirkungen des Wassers in psychischer Hinsicht* 15
      3. *Die Überwindung der Angst* 16
   IV. Wassergewöhnung durch das Spiel 18

B. DARSTELLUNG einer UNTERRICHTSEINHEIT 23
   I. Vorbesinnungen 23
      1. *Stoffliche Vorbesinnung* 23
      2. *Die Reife- und Verhaltensmerkmale der 9- bis 10jährigen* 24
         a) *Der somatische und sensomotorische Entwicklungs- und Leistungsstand*   24
         b) *Die Verhaltensmerkmale* 25
      3. *Erzieherische Aufgaben beim Schwimmanfänger* 26
      4. *Didaktisch-methodische Vorbesinnung* 27
   II. Unterrichtsbeispiele 28
      1. *Stunde* 28
      2. *Stunde* 34
      3. *Stunde* 38
      4. *Stunde* 41
      5. *Stunde* 44

SCHLUSSBETRACHTUNG 48

ANHANG: KLEINE SPIELE UND SPIELHAFTE ÜBUNGSFORMEN . 49

ZWECKMÄSSIGE UND GEBRÄUCHLICHE ORGANISATIONS-
FORMEN IM GRUPPENUNTERRICHT 58

LITERATURVERZEICHNIS 67

> Es ist überraschend, wenn man sieht, wie wenig dazu nötig ist, daß das Neunjährige richtig reagiert. Ein einziges Erlebnis kann entscheidend werden.
>
> A. Gesell

Vorwort

Im Anfängerschwimmunterricht wird gar zu oft der zweite Schritt vor dem ersten getan! Damit soll ausgedrückt sein, daß einer angemessenen W a s s e r g e w ö h n u n g — durchdacht und zielgerichtet in s p i e l e r i s c h e m Gewande — zu wenig Aufmerksamkeit geschenkt wird.

In vielen Bundesländern liegt aus organisatorischen Gründen der Schwimmunterricht meistens erst im 5. Schuljahr. Damit wird der günstigste Lernzeitraum übergangen. Wo es nur irgend möglich ist, sollte wenigstens mit den 8- bis 9/10jährigen begonnen werden! (3./4. Schuljahr.)

Im Rahmen des Schwimmunterrichtes muß schließlich einer sachgerechten Wassergewöhnung der ihr gebührende Raum zugewiesen werden, um die Voraussetzungen zu schaffen, die für die Gesamtheit der Schüler eine gewisse Kontinuität im Lernprozeß erschließen. Mit dieser Lehrhilfe bieten wir eine Unterrichtseinheit unter dem vorauf genannten Aspekt an, die mit 8- bis 9/10jährigen erprobt wurde. Die Stundenmodelle der Unterrichtseinheit wollen nur als Beispiele verstanden sein, die mit Hilfe der im Anhang noch dargestellten Kleinen Spiele und spielhaften Übungsformen variiert werden können.

Etzbach, im Mai 1970   Wolfgang Heinrich

A. Grundsätzliche Überlegungen

I. Ziel des Schwimmunterrichtes in der Schule

„Das Schwimmen entwickelt sich aus der spielerischen Wassergewöhnung in der Grundschule zu einer leistungsfähigen Fertigkeit auf der Oberstufe mit dem Ziel des Frei-, Fahrten- und Rettungsschwimmens. Der Schwerpunkt liegt in der Wasservertrautheit"[1]. Diese Zielsetzung für den Schwimmunterricht „läßt genauso die pädagogisch fragwürdige Orientierung erkennen wie der andauernde Streit über die ausschließliche Eignung einer einzigen Schwimmart"[2] und deren Erlernung auf vorgezeichnetem Wege. Ebensowenig wie es Aufgabe in der Schule ist, in der Leichtathletik bestimmte Leistungsergebnisse zu erzielen, wie sie beispielsweise für den Erwerb des Jugendsportabzeichens gefordert werden, so kann auch der Schwimmunterricht in seiner didaktischen Struktur nicht von neigungsbedingten Besonderheiten bestimmt werden, wie etwa dem Sportschwimmen oder dem Rettungsschwimmen, sondern nur von den Inhalten, die das Schwimmen als Leibesübung wertvoll machen[3].

Das Schwimmen ist nämlich in Wirklichkeit keine sportliche Betätigung des Menschen, mit der er — neben Spielerischem — ganz bestimmte Absichten verbindet, sondern eine tiefer im Menschen grundangelegte Betätigung, die er nur suspendieren kann: seine spezifische Bewegung im Fluidum, in dem er zwar nicht wie ein Fisch oder Wal leben, sich aber mehr oder minder lange aufhalten kann. So kann er zwar diese Bewegungsart als Kulturmensch vernachlässigen, wie er Skilaufen, Rodeln und Radfahren bleiben lassen kann, doch ist sie ihm irgendwie „auf den Leib geprägt"[4].

Mehr oder weniger krampfhaft bemüht man sich im Schwimmunterricht um die Einübung einer geregelten Atmung und einer rhythmischen Bewegung von Armen und Beinen, die als unerläßliche Voraussetzungen zum Schwimmen gehören. Dabei handelt es sich jedoch um eine Motorik, die im Menschen instinktiv koordiniert ist und nur befreit zu werden braucht, wie es Myrtle McGraw in ihrer Untersuchung über die Schwimmbewegungen der Neugeborenen nachgewiesen hat. Demnach machen Neugeborene schon kräftige Schwimmbewegungen, die rhythmisch und harmonisch sind und sie eine kurze Strecke durchs Wasser bewegen. Diese Kinder schlucken auch kein Wasser, da ein Reflex die Atmung hemmt. Erst wenn das Kind vier Monate und älter ist, werden seine Schwimmbewegungen unkontrolliert, es verliert die natürlichen Reflexe. Im Alter von zwei Jahren werden die Schwimmbewegungen dann wieder anders, sie sind mehr überlegt und offensichtlich willkürlich. Jetzt müßte das Kind lernen, die richtigen Schwimmbewegungen auszu-

---

[1] Richtlinien für die Volksschulen in Rheinland-Pfalz, 1957, S. 42.
[2] Wilhelm Mielke, Schwimmenlernen — erproben und üben, S. 12.
[3] Vgl. a. a. O., S. 12.
[4] Vgl. Hellmut Stoffer, Die Magie des Wassers, S. 130 ff.

führen. Hemmt beim Neugeborenen noch ein Reflex die Atmung, so muß das Kleinkind lernen, kein Wasser zu schlucken[5].

Ausgehend von diesen Erkenntnissen, kann es nur Aufgabe des Schwimmunterrichtes sein, aus der Begegnung des Kindes mit dem Wasser durch sinnvolle und sinnfällige Aufgaben die Bemeisterung zu entwickeln, gewissermaßen eine „Wiedergewöhnung" an das Wasser zu bewirken. Das Element Wasser soll vertrauensvoll erfahren und seine Bewältigung aus eigener Kraft erlernt und geschult werden. Erst wenn das Kind gelernt hat, sich die Eigenschaften dieses Elementes dienstbar zu machen und sich seiner selbst im Wasser sicher ist, erschließen sich ihm die dem Schwimmen eigentümlichen Erlebnisgehalte.

Beachtet man die neueren Erkenntnisse, so ergibt sich die Möglichkeit und zugleich auch Notwendigkeit, so früh wie möglich mit dem Schwimmunterricht zu beginnen, um eine eventuell auftretende Wasserscheu von vornherein zu unterbinden und die Freude am Wasser und an der Bewegung im Wasser zu erhalten und zu fördern. Wo das nicht möglich ist, bleibt es Aufgabe der Schule, den Kindern die Freude am Wasser und die Freude am Schwimmen zu vermitteln, um somit zugleich die Grundlage zu schaffen, durch freudig empfundene Leistungsfähigkeit über erreichte Ziele hinaus freiwillig neue Ziele anzustreben. In den Rahmenrichtlinien für die Leibeserziehung an den Schulen wird es folgendermaßen ausgedrückt: „Der Erwerb von Leistungsurkunden im Schwimmen kommt dem kindlichen Bedürfnis nach Anerkennung der Leistung entgegen"[6]. An anderer Stelle: Das Leistungsstreben „findet auch seine Anerkennung ... in der erfolgreichen Ausbildung zum Rettungsschwimmer"[7]. Zunächst aber kommt es darauf an, daß die Kinder schwimmen können und sich dabei im Wasser wohl und sicher fühlen und nicht darauf, daß sie sich eine bestimmte Zeit lang schwimmend im Wasser bewegen oder gar die „edle Kunst" des Rettens erlernen.

Zielt man im Schwimmunterricht auf den Erwerb des Frei-, Fahrten- oder Rettungsschwimmerzeugnisses ab, so sind Lehrer wie Schüler gleichermaßen unter einen Druck gesetzt, der einer Überforderung gleichkommt. Aus diesem Grunde wird auch eine Wassergewöhnung, wie sie im allgemeinen praktiziert wird, fragwürdig, da sie nicht zum Inhalt hat, Freude und Wohlbehagen als Grundlagen zu schaffen, sondern mit der eindeutigen Zielrichtung versehen ist, möglichst schnell bestimmte Leistungen zu erbringen. Spielerische Wassergewöhnung muß im Erlernen der Schwimmbewegungen ihre Fortsetzung finden, damit sie ihre Bedeutung und ihren Sinn behält. Sie ist in Frage zu stellen, wenn sie nicht die Möglichkeit in sich birgt, übergangslos Schwimmbewegungen zu erlernen, wenn sie nur dem Spiel dient und nicht zugleich auf spielerische Weise eine Bewegungsschulung in Richtung koordi-

---

[5] Vgl. Myrtle McGraw, Wie ein Fisch im Wasser — Die Schwimmbewegungen der Neugeborenen, in: Spielen und Lernen, Velber bei Hannover, Februar 1969, S. 8 ff.

[6] Rahmenrichtlinien für die Leibeserziehung an den Schulen, in: Amtliches Schulblatt für den Regierungsbezirk Koblenz — Nr. 4 — April 1967, S. 52.

[7] a. a. O., S. 53.

nierter Schwimmbewegungen beinhaltet, wenn sie ohne Übergang mit dem Beginn der Übermittlung von Bewegungsnormen endet, die gleichsam mechanistisch angeeignet werden. Da das Schwimmen an sich noch keine sportliche Betätigung ist, sondern nur eine bestimmte Bewegungsart in einem der Elemente unserer Welt, so gilt es zunächst und vor allem ein möglichst vielseitiges schwimmerisches Können in den Grundformen — wie dem Schwimmen in verschiedenen Techniken, dem Tauchen, dem Sprung ins Wasser u. a. — anzustreben. Ziel des Schwimmunterrichtes in der Schule sollte die optimale Förderung dieses Könnens unter Berücksichtigung der individuellen Leistungsfähigkeit sein. Es sollten ebenso wie in der Leichtathletik eine sinnvolle Schulung der Kräfte und eine rationelle Bewegungsführung angestrebt werden, die es ermöglichen, bessere Leistungen zu erzielen als sie allein auf Grund der angeborenen, unentwickelten und untrainierten natürlichen Bewegungsleistung möglich sind. Erst dann wird es sinnvoll, das Schwimmen in der Form des Wettkampfes anzuwenden und eine bestimmte Leistung erzielen zu wollen. Dann erst kann auch als deren Ergebnis das Frei-, Fahrten- oder Rettungsschwimmen angestrebt werden oder aber sich zusätzlich — nicht unbedingt im Rahmen der Leibeserziehung erforderlich — ergeben. Fragwürdig wird der Schwimmunterricht, wenn in ihm nur eine Schwimmtechnik vermittelt und die „Fertigkeit des Freischwimmens" in wenigen Übungsstunden angesteuert wird. Setzt man als Ziel des Schwimmunterrichtes eine Schwimmleistung von fünfzehn oder dreißig Minuten Dauerschwimmen und den jeweils dazugehörigen Sprung ins Wasser oder gar das Rettungsschwimmen, so dient der Unterricht im Schwimmen lediglich einem bestimmten Zweck, der nur den wenigsten Menschen von Nutzen sein kann. Kaum ein Schwimmer wird aus eigenem Antrieb — wenn er diese Leistungen einmal erbracht hat — etwas Gleiches in freier Betätigung erneut auf sich nehmen. Ja, wenn dies das Ziel des Schwimmunterrichtes sein soll, abgesehen von der „Wasservertrautheit", die jeder Schwimmschüler nach P. BROCKMANN bereits im „Vorkurs" erlangen soll[8], so wäre es vielleicht besser und schneller mit Hilfe der alten Angellehrweise oder unter Zuhilfenahme von Trockenübungen zu erreichen. Schwimmen und Schwimmenlernen würden zur „harten" Arbeit werden. Spielerische Wassergewöhnung hätte ihren tieferen Sinn verloren.

II. Die Aufgaben der Wassergewöhnung im Anfänger-Schwimmunterricht

Bereits im Jahre 1925 propagierte Kurt WIESSNER seine „natürliche", also gerätelose Massenlehrmethode, die eine Revolution des Schwimmunterrichtes bedeutete, und die die „martialische Angellehrweise" und die damit in Zusammenhang stehenden Trockenübungen in den Hintergrund drängte[9]. Die Angellehrweise erschien damals als das beste Mittel, mühelos aus Nichtschwimmern Schwimmer zu machen.

---

[8] Peter BROCKMANN, Schwimmschule, S. 17.
[9] Siehe Kurt WIESSNER, Natürlicher Schwimmunterricht, Wien 1925.

Auch heute noch kommt es in den meisten Schwimmkursen darauf an, möglichst schnell die richtige Atmung und die zweckmäßige Bewegungsführung von Armen und Beinen zu erlernen, um sich dann fünfzehn Minuten lang über Wasser halten zu können. Um dieses Ziel zu erlangen, ist fast jedes Mittel recht. Man benutzt Schwimmkissen und Schwimmflügel, hält die Schüler am Bauche fest, droht und schimpft. Hierdurch wird die im Schwimmunterricht fraglos entscheidende Natürlichkeit und damit das freudige Erleben des Kindes unterdrückt und durch eine rational-mechanistische Einübung ersetzt. Diese bedeutet im Grunde nur eine Verlegung der früher praktizierten Trockenübungen ins Wasser und die Anwendung von Ersatzmitteln für die ehemals gebräuchliche Angel. Dabei wird zwar auch der Wasserwiderstand gespürt, andeutungsweise der Auftrieb des Wassers erlebt und sein Druck wahrgenommen, jedoch unterliegt das Kind einer Täuschung, die es in den Glauben versetzt, durch eigene Kraft zum Können gelangt zu sein. Sobald es ohne Hilfen dasteht, erkennt es, welchem Trugschluß es unterlegen war.

Wenn das Kind aber auf rechte Weise an das Wasser gewöhnt worden ist, bedarf es zum Erlernen der Schwimmbewegungen keiner Hilfsmittel mehr. Dann gilt es nur noch, von Zeit zu Zeit durch Vormachen Hilfen zu geben und einzelne Teilbewegungen besonders zu unterstützen. Hat das Kind lange genug selbst geübt, müssen ihm in einem Stadium der Feinformung Hilfen für eine richtige, individuell unterschiedliche Bewegungsführung zuteil werden. Erfahrungen auf breiter Grundlage sind nötig, damit es einsehen kann, wieso diese oder jene Bewegung ihren Sinn hat. Es muß sich allmählich so weit an das Wasser gewöhnen, daß ihm das Tauchen, Gleiten und das Atmen im Wasser keine Schwierigkeiten mehr bereiten. Diese „Grundformen" des Schwimmens müssen völlig sicher beherrscht werden. Wassergewöhnung, die nur das Ziel hat, jene Kräfte des Wassers erfahren zu lassen, die dem reinen Erlernen der Schwimmbewegungen dienlich oder hinderlich sind, ist falsch verstanden. Es muß vielmehr darum gehen, daß die Kinder die Kräfte des Wassers und dessen Eigenschaften erkennen, unter richtiger Anleitung auf spielerischem Wege unbewußt bewältigen oder aber bereits bewußt ausprobieren und so sicher in ihren Erfahrungsschatz aufnehmen, daß sie diesen in eigenen Versuchen unter weiterer Anleitung anwenden können. In einem besonderen Teil des schwimmerischen „Vorkurses" sollen die ersten Erfahrungen, die beim spielerischen Zusammentreffen mit dem Wasser gemacht worden sind, weiter ausgebaut und in Form von zielgerichteten Übungen gefestigt werden, die das Tauchen, Auftreiben und Gleiten im Wasser bewußt erfahren lassen. Dadurch wird dann eine Wasservertrautheit erlangt, die den einzelnen in die Lage versetzt, auf dem Boden einer soliden Sicherheit schwimmen zu lernen, das Wasser als bekanntes Element aufzusuchen, Freude an der eigenen Bewegung zu finden, es unbedenklich und furchtlos zu gebrauchen. Überhaupt muß die Freude tragender Faktor allen Tuns sein, nicht zuletzt, damit durch sie Verängstigungen und Furcht abgebaut und ausgeschlossen werden.

Vornehmlich aus falsch verstandenem Zeitmangel wird diesen Voraussetzungen meist viel zu wenig Bedeutung beigemessen. Sinnvoller als eine verfrühte Schulung

von Schwimmbewegungen ist eine ausgedehnte Wassergewöhnung, da im Anschluß an sie das Schwimmen insgesamt schneller, im Hinblick auf eine individuelle Bewegungsführung günstiger und gleichsam „wie von selbst" erlernt wird.
Unter Berücksichtigung der oben angeführten Gesichtspunkte hat die Wassergewöhnung folgende Aufgaben zu lösen:
1. Gewöhnung an Nässe und Kälte,
2. Gewöhnung an Wasserdruck und -widerstand,
3. Gewöhnung an den Aufenthalt unter Wasser,
4. Gewöhnung an die horizontale Schwimmlage,
5. Gewöhnung an die Auftriebskräfte des Wassers,
6. Gewöhnung an einen regelmäßigen Atemrhythmus im Wasser.

Zunächst müssen die Kinder sich an die im Wasser stark gesteigerte Wärmeabgabe durch die Haut gewöhnen, die darauf beruht, daß Wasser die Wärme wesentlich besser leitet als Luft. Dann müssen sie einen regelmäßigen Atemrhythmus erlernen, denn im Wasser ist der Druck auf den menschlichen Körper, vornehmlich auf den Brustkorb, stark erhöht und damit die Atmung erschwert. Sie müssen den Wasserwiderstand erfühlen, seine Bewegungshemmung erfahren und erkennen, daß und wie sie ihn für eine Fortbewegung nutzen können. Von Anfang an müssen sie sich aber auch an den Aufenthalt unter Wasser gewöhnen, um dadurch die anfänglich als unangenehm empfundene Wirkung des Wassers auf die Sinnesorgane (Augen, Ohren, Nase) auszuschalten. Die Fortbewegung im Wasser geschieht — wenn man von der vertikalen oder aber schrägen Lage beim Tieftauchen absieht — in horizontaler Lage. Sie wird dem Schüler erst dann möglich, wenn er den Auftrieb des Wassers bewußt erlebt hat, und wenn er erkannt hat, daß das Wasser eine bestimmte Tragfähigkeit besitzt. Er muß lernen, sich vom festen Boden zu lösen und im Wasser zu schweben.

Mit diesen Voraussetzungen wird es lernpsychologisch erst sinnvoll, Schwimmbewegungen zu erlernen und nach und nach zu vervollkommnen. Das Lernen wird dann nicht mehr als Qual empfunden, sondern als freudiges Üben und spielendes Tun. Da Schwimmbewegungen des Menschen als elementares Bewegungsgrundmuster nur „suspendiert" sind, brauchen sie lediglich geweckt zu werden. Das zu bewerkstelligen ist eine der Aufgaben der Wassergewöhnung. Wenn der Gewöhnung genügend Raum gegeben wird, ist das Schwimmen als solches ein fast selbstverständliches Ergebnis, das in gewisser Weise „rein zufällig" erzielt wird.

III. Die Angst vor dem Wasser

1. Physische Einwirkungen des Wassers

Jeder Mensch muß sich immer erst einen Augenblick lang an das Wasser gewöhnen, in dem er schwimmen will. Kinder, die zum ersten Male mit tieferem Wasser in Berührung kommen, bewegen sich vorsichtig, scheu, ängstlich in diesem für sie ungewohnten Element, da unbekannte Kräfte auf sie einwirken. Schon die Kälteeinwirkung bringt mitunter Beschwerden und Hemmungen; Gefühle der Beklemmung werden erzeugt. Der Kältereiz hemmt die Bewegungsführung und die Atmung des Anfängers ganz beträchtlich. Ängstliche Kinder und solche, die sich nur schwer an den Temperaturunterschied gewöhnen, werden dadurch geradezu gezwungen, das Wasser wieder zu verlassen.

Bedenken wir, daß die Leitungsschnelligkeit der Nerven von der Temperatur abhängig ist und Kälte sie verzögert oder gar ganz aufhebt, so werden diese Reaktionen verständlich. Das erklärt auch, wieso die Kinder bei der Berührung mit dem kalten Wasser ihre Bewegungen verzögern. Die unwillkürlichen Bewegungen, die oft zu beobachten sind, werden durch eine Erregung der Empfindungsnerven verursacht. Sie setzen eine Übertragung der Reizung von sensitiven auf motorische Nerven in den Zentralorganen voraus. Diese Reflexbewegungen stellen sich zwar unwillkürlich ein, aber dennoch gewissermaßen zweckmäßig. Ein Beispiel mag dies verdeutlichen: Wird einem schlafenden Menschen die Nase gekitzelt, so macht er unwillkürlich eine Handbewegung, als wolle er eine lästige Fliege verjagen. Genauso wird auch der Anfänger im Schwimmen, wenn er zum erstenmal den Temperaturunterschied des Wassers empfindet, durch das von sensitiven Nerven aufgenommene Kältegefühl, das bis zum Gehirn geleitet und hier auf motorische Nerven übertragen wird, zu Reflexbewegungen in der Form von Zuckungen und planlosem Umherschlagen mit Armen und Beinen veranlaßt[10]. Andererseits verursacht das Wasser durch den Kältereiz zuerst ein Zusammenziehen der Hautblutgefäße mit nachfolgender Wiederausdehnung. Durch die gewaltsame Umwälzung der in der Haut vorhandenen Blutmenge, die über die Hälfte der Gesamtblutmenge ausmacht, wird unter Entlastung der Innenorgane, namentlich des Gehirns, der Blutdruck erhöht und das Herz zu gesteigerter Tätigkeit gezwungen. In unserem Innern bewirkt das Wasser eine wahre Revolution. Wir spüren sie besonders bei kalten Temperaturen[11]. Mechanisch übt das Wasser durch seinen Druck, der durch Wellenschlag oder die Tiefe beträchtlich erhöht wird, auf Atmung und Blutkreislauf am ruhenden oder sich bewegenden Körper ebenfalls eine hemmende Wirkung aus. Das ist leicht einzusehen, wenn man bedenkt, daß schon bei flacher Brustlage das Wasser einen Druck von fünf bis acht Kilogramm auf die Brustfläche ausübt, der sich beim Tauchen in zwei Meter Tiefe verzehnfacht.

Das Wasser drückt aber nicht nur auf den Körper, es versucht auch, ihn an die Oberfläche zu treiben. „Ein Körper, der sich im Wasser befindet, verliert scheinbar so viel von seinem Gewicht, als die von ihm verdrängte Wassermenge wiegt"[12]. Durch dieses „Archimedische Prinzip" wird die Erscheinung des Auftriebes begründet. Danach setzt das Wasser jedem eindringenden Gegenstand einen bestimmten Widerstand, den Auftrieb, entgegen. Je nachdem, ob das Gewicht des eingetauchten Körpers leichter oder schwerer als die von unten nach oben wirkende Kraft des Auf-

---

[10] Vgl. A. Graf von Buonaccorsi di Pistoja, Anleitung zur Ertheilung des Schwimmunterrichtes, S. 31.

[11] Vgl. W. Thörner, Biologische Grundlagen der Leibeserziehung, S. 220 und S. 449.

[12] Heinrich Meusel, Grundschule der Leibesübungen, S. 237.

triebes ist, schwimmt der Körper, oder er sinkt unter. Der Mensch würde infolge seines Übergewichtes im Wasser untersinken, wenn er nicht Mittel und Wege hätte, den Einfluß der Schwerkraft aufzuheben und so das Gleichgewicht herzustellen.

Neben der Kältewirkung und dem Wasserdruck spüren wir bei der Bewegung im Wasser einen Widerstand, den es zu überwinden gilt. Dieser Wasserwiderstand hemmt zwar die Bewegung, er ist es aber auch, der eine Fortbewegung im Wasser überhaupt ermöglicht. Wir erleben ihn besonders bewußt und deutlich, wenn wir uns gehend im nassen Element fortbewegen, schwimmen wir, nehmen wir ihn nicht mehr so genau wahr.

Die hier aufgeführten Kräfte und Eigenschaften des Wassers wirken natürlich immer zugleich auf den Körper ein, Wasserwiderstand, -druck und Kältewirkung werden gleichzeitig empfunden, die auftreibende Kraft des nassen Elementes ist dauernd spürbar.

2. Die Einwirkungen des Wassers in psychischer Hinsicht

Scheu, Furcht und Angst vor dem Wasser sind jene Faktoren, die überwunden sein sollten, bevor Kinder mit dem Erlernen der Schwimmbewegungen beginnen. Erst wenn sie sich freiwillig und gern im Wasser aufhalten, wenn sie sich fröhlich darin tummeln und von äußeren und inneren Einflüssen nicht mehr behindert werden, besitzen sie die Grundlagen für eine intensive und zielgerichtete Arbeit im Schwimmunterricht. Dann erst sind Kinder in der Lage, Anordnungen des Lehrers zu befolgen und Hilfen anzunehmen.

Für den Schwimmanfänger sind die Schwierigkeiten mehr psychischer als körperlicher Natur. Kälte und Feuchtigkeit erzeugen zunächst starke Unlustgefühle. Die Kinder fühlen sich im nassen und kalten Wasser höchst unwohl, zumal, wenn sie ohne Bewegung im Wasser herumstehen. Kommt eine kleine Welle auf sie zu, stehen sie auf unsicheren Beinen, wirken unbeholfen und klammern sich an jeden erreichbaren Gegenstand. Sie brauchen einige Zeit der Gewöhnung, bevor sie Lustgefühle beim Bewegen im Wasser empfinden. Die physischen Einwirkungen des Wassers verdrängen die anfänglich freudige Erwartung des Schülers und seinen Mut. Jeder Wasserspritzer ins Gesicht oder gar das Überspültwerden von Mund und Nase beim flüchtigen Ein- und Untertauchen verursachen anfangs Verschlucken und beklemmenden Schreck, der Wasserangst und mit ihr Atemangst zur Folge haben kann. Hinzu kommt die Angst vor dem Untergehen und Ertrinken, die geradezu lähmend auf das Kind einwirkt.

Jedes unfreiwillige Eintauchen führt immer erst zu unwillkürlichen Rettungsmaßnahmen. Es kann durchaus das existentielle Erlebnis der Todesgefahr in sich bergen. „Wer als Kind nur in geringem Maße eine Gefahrensituation des Ertrinkens erlebt hat, behält zumeist ein Trauma, das schwer durch Psychotherapie geheilt werden kann. Erwachsene können das Gleiche durchmachen, bei ihnen ist jedoch die Wahrscheinlichkeit der Rationalisierung größer, weil kein Erlebnis so tief geht und lange haftet wie ein kindliches"[13]. Das Erleben der Gefahr des Ertrinkens „kann durch Übung so gezügelt werden, daß allenfalls der Rest einer gewissen Abenteuerlichkeit bleibt und der Reiz des Besonderen ausgekostet wird, der die Besonnenheit nicht hemmt und das Ausarten in öde Routine verhindert. Beim Nichtschwimmer, der ins tiefe Wasser fällt, setzt aber meist eine Panik ein, die auch er überwinden muß, will er sich retten (lassen), oft aber nicht überwinden kann. Für ihn wird dann die positive Magie des Wassers zum Schrecken des Ertrinkens"[14]. Oft kann man auch Schwimmer beobachten, — Schwimmer, die nie mit dem Wasser ganz vertraut gemacht worden sind und sicher wurden, sondern lediglich Schwimmbewegungen erlernten und sich über Wasser halten können — die plötzlich im tiefen Wasser Angst bekommen und dann in unvernünftiger und lebensbedrohender Weise darauf reagieren.

Das Hineinstoßen eines Kindes ins Wasser oder das stets bösartige Folgen zeitigende gewaltsame Untertauchen können Hemmungen in einem Menschen hervorrufen, die sich in der Wasserscheu deutlich ausdrücken. Nach Meinung vieler Schwimmpädagogen kann die Wasserscheu auch vererbt sein[15, 16]. Da aber bereits Säuglinge Schwimmbewegungen machen und somit ein gleichsam angeborenes Verhältnis zum Wasser haben und auf der anderen Seite jüngere Kinder besonders gern und leicht das Schwimmen erlernen, scheint diese Ansicht doch sehr fragwürdig zu sein. Leider gibt es bis heute keine genaueren Untersuchungen über dieses Phänomen. Die Wasserscheu kann jedoch den Kindern durch Erzählungen, die die Gefahren des Wassers zu schwarz beschreiben, eingeflößt werden. Sie ist nicht ohne weiteres mit Feigheit oder Mangel an Mut identisch.

Führt man ein Kind früh genug auf vernünftige Weise in das Wasser hinein, so wird es seine Gefahren gar nicht bewußt erleben, rechtzeitig Erfahrungen darin sammeln und kritische Situationen geschickt zu meistern lernen.

3. Die Überwindung der Angst

Scheu, Furcht und Angst vor dem Wasser bereiten den Kindern weit größere Schwierigkeiten als die äußeren Einflüsse des Wassers oder irgendwelche körperlichen Unzulänglichkeiten.

Wenn wir davon ausgehen, daß die Furcht vor dem Wasser und die Wasserscheu Einsichten in bestimmte Vorgänge voraussetzen, so wird uns klar, daß Grundschulkinder, die noch nicht schwimmen können, vorwiegend mit der Angst im Wasser zu kämpfen haben. Die Furcht vor dem nassen Element tritt vornehmlich bei Nicht-

---

[13] Hellmut STOFFER, Die Magie des Wassers, S. 155.
[14] a. a. O., S. 132.
[15] Vgl. Hugo WAGNER, Pädagogik und Methodik der Leibeserziehung, S. 216.
[16] Vgl. Armand BOPPART, Schwimmanleitung, in: Beiheft zur Zeitschrift „Die Körpererziehung", Basel 1935, S. 27.

schwimmern im Jugend- und Erwachsenenalter auf, denn diese kennen seine Gefahren. Bei ihnen hat sich im Laufe ihres Lebens „eine gewisse ‚Angsthemmung' gegenüber dem Schwimmenlernen herausgebildet"[17]. Unter Grundschulkindern treffen wir in der Regel nur wenige ängstliche Schwimmanfänger an. Bei ängstlichen Kindern „liegen meist unliebsame Erfahrungen vor, die durch irgendwelche Umstände beim Waschen oder Baden gemacht wurden"[18]. Ihre Angst ist nicht unbedingt eine elementare Angst, die sie gar nicht erst mit dem Wasser in Berührung kommen läßt, sondern eine Angst vor den einzelnen Übungen im Wasser wie beispielsweise das Untertauchen oder das Gleiten. Diese Angst wird bei Kindern von Zeit zu Zeit durch eine scheinbare Gefahr für ihr Leben erweckt. Sie dauert aber nicht lange an, da sie durch die Bemeisterung der jeweiligen Situation überwunden wird. Später ermöglicht besonnenes Handeln, augenblickliche Ängste gar nicht erst entstehen zu lassen und eingebildete Gefahren von vornherein auszuschalten.

Es ist unmöglich, ein Kind gegen seinen Willen zum Spiel im Wasser zu bewegen oder es gar zum Schwimmen zu bringen. Seine innere Bereitschaft ist Voraussetzung für einen zielgerichteten Schwimmunterricht. Um diese Bereitschaft zu wecken und zu erhalten, muß das Kind volles Vertrauen zum Lehrer und zu sich selbst haben. Es obliegt dem Können des Lehrers, anfängliches Mißtrauen in gesundes Vertrauen zu wandeln. Um das zu erreichen, soll er sich „in jeder Lage sicher, freudig, stark bejahend und aufmunternd"[19] zeigen und sich auf die Eigenheiten und Hemmungen des Schwimmschülers einstellen können. Dafür muß er zunächst die Ursachen erforschen, die den Schüler davon abhalten, es den anderen Kindern im Wasser gleichzutun. Sind die Ursachen leiblicher Natur, so kann die Sachkenntnis des Lehrers Abhilfe schaffen; sind sie seelischer Natur, erfordern sie von ihm die Kenntnis der kindlichen Psyche und dazu die Fähigkeit, in der richtigen Weise auf das Kind einzuwirken. Allgemein gültige Regeln gibt es nicht.

Bevor Kinder dazu angehalten werden, an Spielen und Übungen im Wasser teilzunehmen, sollten sie ihre Angst so weit überwunden haben, daß höchstens noch ein Rest davon vorhanden ist, der jeweils bei besonderen Übungen verspürt wird. Die elementare Angst eines Kindes vor dem Wasser wird ihm durch Hilfen, die nicht unbedingt Spiele sind, genommen. Der Lehrer nimmt das Kind an der Hand und führt es vorsichtig ins Wasser, er hält es gut fest, läßt es auf und ab hüpfen, zieht und schiebt es sacht hin und her, ermuntert es zu eigenen Versuchen und steht ständig hilfreich zur Seite. Überhaupt kann der vertrauenerweckende Lehrer dem Anfänger den besten Halt geben, ein Lehrer, der sich behutsam um kleine Fortschritte bemüht, der das Kind nicht ins Wasser fallen läßt oder es gar untertaucht, sondern es ganz allmählich zu Erfahrungen des eigenen Vermögens und Könnens führt. Schelte und Drohung, Ungeduld und verletzende Bemerkungen sind wenig geeignet, das Selbstvertrauen des Ängstlichen zu stärken. Im Gegenteil, sie erzeugen Minderwertig-

---

[17] Gerhard Lewin, Schwimmen mit kleinen Leuten, S. 54.
[18] a. a. O., S. 54.
[19] Kurt Wiessner, Natürlicher Schwimmunterricht, S. 54.

keitsgefühle und Hemmungen, die schwer zu beseitigen sind. Doch darf man auch bei ängstlichen Anfängern keine Zimperlichkeiten dulden. Eine gewisse Unnachgiebigkeit ist in vielen Fällen durchaus angebracht. Der Schüler muß deutlich spüren, wie sehr sich der Lehrer um seine Fortschritte bemüht.

So früh als möglich sollte das Kind ohne direkte Hilfe des Lehrers Erfahrungen sammeln. Dabei findet es anfangs an den festen Begrenzungen des Schwimmbeckens Unterstützung und Halt. Doch muß der Lehrer auch jetzt noch in der unmittelbaren Nähe bleiben, denn die bloße Vorstellung, daß jemand dasteht, bedeutet dem Ängstlichen ungemein viel. Überhaupt muß das Kind von dem Bewußtsein durchdrungen sein, daß ihm im Wasser nichts passieren kann, da es ja zu jeder Zeit festen Boden unter die Füße bekommt. Es muß auch die Gewißheit haben, daß der Lehrer zur Stelle ist, wenn es durch ungeschickte Bewegungen plötzlich einmal ganz unter Wasser gerät. Es bedarf geraumer Zeit für Versuche und Nachahmungen — angeregt durch das mutige Vorbild anderer — bis das Kind bereit ist, sich von seiner Haltemöglichkeit zu lösen. Erst wenn es von sich aus den festen Halt verläßt, darf es zu Spielen und Übungen herangezogen werden, die ein sicheres Standvermögen erfordern.

Sofern die angeführten Punkte Beachtung finden, ist es dem Anfänger möglich, das Gefühl der Hilflosigkeit allmählich auszuschalten und die unbewußte Angst, die darauf gründet, daß er sich bestimmte Leistungen nicht zutraut, zu überwinden. Wird das ängstliche Kind sofort angehalten, mit den anderen Kindern mitzuspielen, so wird seine Unsicherheit auf Grund dieser Überforderung nur noch größer. Gerade bei ängstlichen Schwimmanfängern müssen Anforderungen wie das Tauchen oder Gleiten zum richtigen Zeitpunkt erfolgen. Die Kinder sollen vorher die Überzeugung gewonnen haben, daß sie sich dem abgründigen Naß bedenkenlos anvertrauen können. Falsch ist es in jedem Falle, das Kind mit Hilfe von Luftkissen, Schwimmtieren, Korkgürteln oder anderem Material ins tiefere Wasser zu locken und ihm dadurch ein trügerisches Gefühl der Sicherheit zu vermitteln. Sobald es sich nämlich ohne Hilfsmittel frei im Wasser zu bewegen versucht, treten infolge einer falschen Gewöhnung Schwierigkeiten auf, die äußerst schwer zu überwinden sind und unnötige zusätzliche Mühe bereiten. Die Furcht, die angeblich genommen werden soll, wird gerade dann erst geweckt.

IV. Wassergewöhnung durch das Spiel

In den Richtlinien für die Volksschulen in Rheinland-Pfalz heißt es, daß die Volksschule „in ihrem Unterricht die sittlichen, geistigen und körperlichen Anlagen im Kinde zu entfalten und durch Vermittlung der Grundlagen des Wissens und Könnens die Jugend zur Teilnahme am Arbeits- und Kulturleben des Volkes"[20] vorzubereiten hat. Das besagt für die Leibeserziehung, das Kind von planloser, spieleri-

---

[20] Richtlinien für die Volksschulen in Rheinland-Pfalz, 1957, vgl. dazu auch die Rahmenrichtlinien, die Richtlinien von Nordrhein-Westfalen, der Freien und Hansestadt Hamburg u. a.

scher Betätigung zu ernster, planvoller und zielstrebiger Arbeit am eigenen Körper überzuleiten. Es bedeutet für den Anfänger-Schwimmunterricht in der Grundschule, das Kind die auf dem Lande gemachten Bewegungserfahrungen im Wasser — unter veränderten Bedingungen und Verhältnissen — erproben und ergänzen zu lassen und es am Ende zur völlig sicheren Fortbewegung darin zu befähigen.

Ausgangspunkt und Grundlage für dieses Ziel ist die Wassergewöhnung, die sich weitgehend unbewußt durch ins Wasser verlegte Spiele vollziehen soll. Sie beinhaltet im wesentlichen zwei Aufgaben:

1. Das Kennenlernen der verschiedenen Kräfte und Einwirkungen des Wassers.
2. Das Schaffen von Grundlagen für das Erarbeiten einer Bewegungsführung, die der Fortbewegung im Wasser dient.

Darüber hinaus dient sie dazu, eventuell vorhandene Scheu, Furcht oder Angst weiter abzubauen, den Mut zu stärken, das Selbstvertrauen und die Willensbildung zu fördern und das Gefühl des Könnens und der inneren Sicherheit zu vermitteln. Wenn man nun bedenkt, daß das Spiel Ausgangspunkt aller Körperbewegungen ist, wie sich sowohl in der phylogenetischen als auch in der ontogenetischen Entwicklung nachweisen läßt[21], so erscheint es als ganz selbstverständlich, daß die Wassergewöhnung auf spielerische Weise erfolgt. Mit „spielerisch" ist aber nicht gemeint, daß es sich dabei um das Spiel an sich oder die Spiele als Sachgebiet handelt. Gemeint ist vielmehr das Prinzip des Spielerischen, welches sich „aus der dem Menschen so genehmen Tätigkeitsweise des Spielens und dem ihm innewohnenden Spieltrieb"[22] ableiten läßt. Kurt WIESSNER kommt das Verdienst zu, als erster diese Erkenntnisse für den Schwimmunterricht genutzt zu haben. Er zog den „natürlichen" Unterricht dem alten Angelunterricht vor, weil er erkannte, daß Anfänger über das Spielerische schneller, leichter und lustvoller das Schwimmen erlernen, „daß die unterbewußt gewachsenen Fertigkeiten weit größeren Übungswert besitzen als die verstandesmäßig erarbeiteten"[23].

Da begrifflich jede Leibesübung im weiteren Sinne eine spielerische Betätigung ist, so sollte das Spiel nicht nur Ausgangspunkt, sondern Kerngebiet aller Bemühungen im Schwimmunterricht sein. Darüber hinaus berechtigt der körper- und charakterbildende Wert des Spieles, es an den Anfang und in den Vordergrund der Schwimmausbildung zu stellen.

Versteht man die Leibeserziehung in diesem Sinne, so sind das einfache Laufen, Springen, Hüpfen ebenso wie das Nachahmen von Tier- und Arbeitsbewegungen („Traben und Galoppieren wie Pferde", „Rudern") im Wasser Spiel, da sie erlebnismäßig für das Kind als Spieler selbst als einzelne Bewegungsabläufe alle Merkmale des Spiels enthalten: das Moment der Freiheit, der inneren Unendlichkeit, der Scheinhaftigkeit, Ambivalenz, Geschlossenheit und der Gegenwärtigkeit[24]. Sie wer-

---

[21] Nach Hugo WAGNER, Pädagogik und Methodik in der Leibeserziehung, S. 27.
[22] Walter HÄUSLER, Leibesübungen, in: Handbuch für Lehrer, Gütersloh 1961, S. 611.
[23] Kurt WIESSNER, Natürlicher Schwimmunterricht, S. 57.
[24] Nach Hans SCHEUERL, Das Spiel, Weinheim/Berlin 6./8. Auflage 1968.

den jedoch erst dann zu echten Bewegungsspielen, wenn sie über alle Willensanstrengungen hinaus in ein schwebendes Gleichgewicht kommen, das mit Hilfe rhythmischer Bewegungen erzeugt wird, und das jeder eindeutig gerichteten Kraft gegenüber autonom ist. Sie müssen zunächst von allen Einflüssen frei sein, die frühzeitig ein ungewolltes Ende herbeiführen. Das heißt, daß das Kind die Einflüsse des Wassers bis zu einem bestimmten Grade kennen und zu nutzen verstehen muß und außerdem frei von Interessen für das ihm neue nasse Element ist. Jegliche von innen oder außen einwirkenden Kräfte verderben das Spiel. Zum anderen muß es frei sein von Tendenzen, die ein Ende erstreben. Nur noch der Lehrer sollte jene „Macht" sein, die verhindert, daß sich das Kind seinem Spieltrieb so weit hingibt, daß es sich im Spiel ganz verliert.

Bei der ersten Berührung mit dem Wasser ist das Grundschulkind gewöhnlich zuerst gehemmt, es reagiert hilflos auf die Bewegung des Wassers, läßt sich davon hin- und herwerfen, steht auf unsicheren Füßen, läuft vielleicht sogar aus dem Wasser hinaus. Andererseits macht es beim Eintauchen in tiefes Wasser reflexartig schwimmähnliche Bewegungen und versucht, sich über dem Wasser zu halten. Doch hat es anfangs nicht die unbedingte Neigung, im Wasser und mit dem Wasser zu spielen oder es als ein Mittel zum Spiel zu gebrauchen, das heißt, es wird weder spontan darangehen, bekannte Spiele in das Wasser zu verlegen, noch das Wasser bewußt mit den Händen umrühren, schöpfen oder gießen oder gar gleitend durch das Wasser dahinschießen. Dieser Umstand verdeutlicht, daß Spieltätigkeiten nicht in jedem Falle angeboren sind und somit zum Ausgangspunkt des Lernens gemacht werden können, sondern selbst erst erlernt werden müssen. „Spieltätigkeiten bedürfen ... stets minimaler Kenntnisse und Fertigkeiten, die erstmalig entdeckt, außerhalb des Spiels erlernt oder in früheren, einfacheren Spielen bereits erworben sein müssen, bevor ein gelungenes Spiel überhaupt zustande kommen kann. In der Spieltätigkeit als solcher werden diese Vorkenntnisse und Fertigkeiten dann nur rekapituliert und damit verfügbarer gemacht, „eingespielt". So gibt das Spiel mehr Gelegenheit zur Nachübung als zur Vorübung"[25]. „Lernen im Spiel ist zunächst Rekapitulation. Es ist ein erprobendes Anwenden, ein Einüben durch Ausüben"[26]. Das Kind muß zuvor zum Spielen frei gemacht werden, deshalb die hemmenden äußeren Einflüsse des Wassers überwinden und weitgehend mit ihnen vertraut werden. Erst wenn das Spiel im Wasser nicht mehr zu stark von den genannten Hindernissen überschattet ist, wenn jene Einflüsse nur noch unbewußt oder vernunftmäßig bewußt wahrgenommen werden, wird es eigentlich Spiel. Andererseits wird das Kind durch das Spiel zur Selbständigkeit und damit zur Selbsttätigkeit frei und zu eigenen Leistungen angespornt. Das Spiel kann einmal als Befreiung durch es selbst gesehen werden, zum anderen zur Befreiung für weiteres Spiel dienen. Im Spiel befreit sich das Kind von Furcht, Angst und Hemmungen und bereitet sich zugleich für weitere

---

[25] Hans SCHEUERL, Das Spiel, S. 194.
[26] a. a. O., S. 179.

Spiele vor, ohne daß es ihm bewußt wird. Es eignet sich unbewußt einen bestimmten Erfahrungsschatz an, den es in neuen, anderen Spielen anwendet. Soll das Spiel des Kindes gelingen, so muß es sich ihm widmen können, als gäbe es nichts außer diesem Spiel auf der Welt. Das Gelingen des Spiels hängt davon ab, wie weit der Schüler seinen Anforderungen gerecht wird. Da die Aufforderung zum Spiel im Wasser gleichzeitig die Aufforderung beinhaltet, sich an die Einflüsse des Wassers zu gewöhnen, so wird einmal durch das Spiel eine grundsätzliche Gewöhnung an das nasse Element erreicht und dadurch die Grundlage für weitere, echte Spiele geschaffen, die ihrerseits Gewöhnung im Hinblick auf das Erlernen der Schwimmbewegungen bewirken. Es schälen sich ganz allmählich aus den ersten Spielen „zuchtvolle Arbeitsmethoden heraus, die ihrerseits Voraussetzung dafür sind, daß das Arbeiten später wieder frei, souverän, spielerisch in einem höheren Sinne sein kann"[27].

Der Sinn spielerischer Wassergewöhnung ist also nicht nur darin zu suchen, daß bereits vorhandenes Können umgesetzt und dann durch Übung gefestigt wird, sondern auch in der „Ermöglichung des Herangehens an die Lösung neuartiger Aufgaben"[28]. Die ersten Spiele haben „Überlistungscharakter". Sie zielen darauf ab, die Kinder feststellen zu lassen, daß sie ja in Wirklichkeit mehr können und im Grunde mutiger und sicherer sind, als sie sich selbst zutrauen. Durch dieses erste Erfolgserlebnis werden dann auch andere Übungen und Spiele, die mit einem gesunden Maß an Anstrengung verbunden sind, im Dienste neuer Spiele freudig in Angriff genommen. Dabei sollen die Anstrengungen nicht künstlich verdeckt sein. Sie dürfen ruhig deutlich zutage treten, damit trotz der „Überlistung" die Leistung sichtbar bleibt und im Kind das Bewußtsein angesprochen ist, von seiner Ängstlichkeit mit eigenen Kräften weiter abgerückt zu sein.

Das Kind wird nicht gezwungen, in das Wasser zu gehen, es wird auch nicht unter einen Druck bestimmter Leistungsanforderungen gestellt. Es soll sich vielmehr mit dem Bewußtsein des „Gernwollens" und der „Selbsttätigkeit" vom ersten Augenblick an zwanglos mit dem nassen Element vertraut machen, um durch das Gefühl der selbstgewollten Aufgaben Lust an der Betätigung zu verspüren. Der Glaube an das eigene Vermögen ist für den Erfolg beim Schwimmenlernen sehr viel wichtiger als bei allen anderen Leibesübungen, ja, er ist geradezu unumgängliche Vorbedingung. Zwang darf in keinem Falle angewandt werden, denn jeder Zwang verdirbt die Erkenntnisfreude und den Leistungswillen. Er verhindert auch, daß der Schüler sich als ganzes Lebewesen vom Spiel einfangen läßt, um dadurch in seiner Aufmerksamkeit vollkommen auf das Spielgeschehen konzentriert zu sein und um so tiefer und fester aufzunehmen und zu lernen. Durch Zwangsmaßnahmen wie das Hineinwerfen ins Wasser, böswilliges Untertauchen oder Bespritzen werden der Widerwille und die Hemmungen wasserscheuer Kinder nur verstärkt. Durch

---

[27] a. a. O., S. 50.
[28] a. a. O., S. 51.

vernünftige Gewöhnung empfinden Kinder das Untertauchen nicht mehr als Unbehagen, sondern als „Quelle übermütiger Freude"[29].

Die Schüler wissen von Anfang an, daß sie das Schwimmen erlernen sollen, und die meisten sind von ihrer Einstellung her durchaus gewillt, dieses Ziel unter Zuhilfenahme aller verfügbaren Kräfte anzusteuern. Dem Großteil der Kinder ist bewußt, daß es nur mit Hilfe von Übungs- und Lernvorgängen erreicht werden kann. Die Spiele erfüllen den Zweck, diese Vorgänge ein wenig „schmackhafter" zu machen, wobei zu bedenken ist, daß das spielende Kind selbst keinen Zweck über die Spielsphäre hinaus setzt, wie immer es auch innerhalb des Spielgeschehens Zwecke verfolgt und Ziele zu erreichen sucht. Wie oben ausgeführt, sollen die Spiele aber nicht nur bestimmte Übungen spielerisch einkleiden und damit erleichtern, sondern auch neue Erkenntnisse und Fertigkeiten vermitteln. Grundsatz ist dabei, daß es sich primär um spielendes Lernen handelt, ein Lernen, das mit Hilfe des Spiels vollzogen wird. Gemeint ist, daß der Lehrer zunächst geeignete Spielformen auswählen und den Stundenverlauf genau planen muß, jedoch auch spontane Einfälle und Anregungen der Schüler und günstige Gelegenheiten auszunutzen weiß, ohne den Unterricht zu einem „Gelegenheitsunterricht" abgleiten zu lassen. Sofern die von den Schülern angeregten Spiele nicht ein Mindestmaß an ernsthafter und auf das Spiel konzentrierter Leistung gewährleisten, vermögen sie ihn nicht zu fesseln. Deshalb fordert das Spiel, sobald es dem Schüler bekannt ist und von ihm beherrscht wird, zu Erschwerungen heraus. „Das Können wächst nur mit Hilfe von Anstrengung und Fleiß, also an Leistungen, die der Mensch vollbringt, oder zu denen er angehalten wird"[30]. Spiele aber, die keine Forderungen an den Schüler stellen, die ihm nicht Konzentration und Geschicklichkeit abverlangen, werden zur Spielerei. Sie sind für den Schwimmunterricht ungeeignet.

Daraus läßt sich folgern, daß das Spiel weder in Arbeit noch in Spielerei umschlagen darf, weder zu ernst noch zu leichtfertig ausgeführt werden soll. Es kommt darauf an, durch das Spiel und das Spielerische innerhalb der Wassergewöhnung die Freude des Kindes zu wecken, eine Freude, die zum Motor allen Tuns wird, die anhält — wenn die Wassergewöhnung weit genug ausgedehnt und in ihren Forderungen maßvoll war — weiterwirkt und schneller zu Leistungen führt, die bessere Ergebnisse zeitigen. Das Spiel darf nicht als reines Mittel zum Zweck verwandt werden, es muß selbst als Erziehungsziel deutlich bleiben. Vorrangige Aufgabe der Leibeserziehung ist es nicht, zur Persönlichkeit zu erziehen, sondern zur Leibeserziehung, zum Spiel und zu seiner Vervollkommnung — zur spielerischen Begegnung und Auseinandersetzung mit dem nassen Element.

---

[29] Hugo WAGNER, Pädagogik und Methodik in der Leibeserziehung, S. 217.
[30] Hugo WAGNER, Pädagogik und Methodik in der Leibeserziehung, S. 15.

B. Darstellung der Unterrichtseinheit

I. Vorbesinnungen

1. Stoffliche Vorbesinnung

Als Ergebnis einer fünfstündigen Unterrichtseinheit soll jene Wasservertrautheit erreicht werden, die es dem einzelnen ermöglicht, ohne größere Schwierigkeiten Schwimmbewegungen zu erlernen. Mit Hilfe von Spielen und spielerischen Übungen soll dieses Ziel angestrebt werden. Die Spiele und Übungen sollen keine besonderen Schwierigkeitsgrade aufweisen, aber in ihren Anforderungen auch nicht zu einfach sein. Die Kinder müssen sie schnell erfassen und durchführen können. Dabei müssen sie aber in jedem Falle den Fähigkeiten der Lernenden angepaßt sein. Nur wenige Spiele, die an Land gern gespielt werden, sind für das Spielen im Wasser geeignet. Vor allem werden solche vermieden, die von Natur aus bewegungsarm oder elementfeindlich sind.

In der Unterrichtseinheit werden daher vornehmlich Darstellungs- und Bewegungsspiele angeboten. Haben die Schüler diese Spiele durchgeführt und ihre Anforderungen bewältigt, ist die Grundlage geschaffen, in einer weiteren fünfstündigen Unterrichtseinheit übergangslos das Schwimmen zu erlernen und darüber hinaus „im motorischen Lernen und Üben ... in individueller Breite und Tiefe gangbare Wege zu Leistungsformen"[31] zu finden. Da sie frei von einseitigem Streben nach vollkommenem Bewegungskönnen sind — nicht unmittelbar auf das Üben und Erproben von Schwimmbewegungen abzielen — und keine unzumutbaren Schwierigkeiten enthalten, werden sie fast alle Kinder zu ihnen angemessenen „Leistungserlebnissen" führen. Die Kinder werden ihre entwicklungsgemäßen Anlagen „unbewußt" im Dienste eines aufbauenden Lernens nutzen und Grundlagen für ein zielgerichtetes und zielstrebiges Erlernen der erforderlichen Bewegungen erwerben.

Durch Bewegungsspiele (Gehen wie Pferde, Wettlauf, „Pumpe") soll der Schüler in der ersten Stunde den Wasserwiderstand und den Wasserdruck erfahren. In Darstellungsspielen („Wasser sieden", „Seelöwengebrüll", „Motorbootstrudel") erlernt er in der folgenden Unterrichtsstunde die zweckmäßige Atmung im Wasser. Er soll seinen Atem eine Zeitlang unter Wasser anhalten und ins Wasser ausatmen können. In spielerischen Übungen sowie Darstellungs- und Bewegungsspielen („Hampelmann", „Eisenbahnfahrt", „Tunneltauchen", „Taucher") der dritten Stunde werden die im voraufgegangenen Unterricht gemachten Erfahrungen vertieft und für den kurzzeitigen Aufenthalt unter Wasser ausgenutzt. Die vierte Stunde hat zum Ziel, das statische Schwimmerlebnis zu vermitteln. In entsprechenden Übungen („Boote am Beckenrand", „Toter Mann", „Figurenliegen") und Spielen (z. B. „Fliegender Fisch") sollen die Kinder erfahren, daß das Wasser „leicht macht" und richtiges Atmen den Auftrieb fördert. Bewegungsaufgaben und Übungen des Gleitens in

---

[31] Karl Koch, Grundschulturnen an Geräten, S. 9.

der letzten Stunde der angeführten Unterrichtseinheit vermitteln das dynamische Schwimmerlebnis. Indem der Schüler sich ziehen läßt („Boot abschleppen"), sich abstößt („Hechtschießen", „Delphinschießen") oder angeschoben wird („Torpedo"), erkennt er, daß er auf dem Wasser gleiten und unter Wasser tauchen kann, ohne eigentliche Schwimmbewegungen auszuführen. Wenn dieses Ziel erreicht und gesichert ist, können Schwimmbewegungen erlernt und geschult werden.

2. Die Reife- und Verhaltensmerkmale der 9/10jährigen

a) Der somatische und sensomotorische Entwicklungs- und Leistungsstand.

Wesentliche Grundlage wirksam-angemessener Lehrarbeit bildet eine Besinnung auf die Entwicklungsmerkmale der Lernenden. Didaktisch-methodische Reflexionen erfahren von hier aus Begründungen und Bestätigungen. Wenn auch OERTER[32] unter Berufung auf die heute auffällige Variationsbreite aller Entwicklungsmerkmale vor einer formalen Übertragung und Abgrenzung postulierter Befunde (BUSEMANN, GROH, SPRANGER, ZELLER u. a. m.) warnt, sind die typischen Entwicklungsmerkmale — die nachfolgend in gebotener Kürze skizziert werden — bei der Masse der Schüler immer wieder erkennbar.

Nach H. REMPLEIN[33] gehören Kinder von der Mitte des 7. Lebensjahres bis zum 11. Lebensjahr (Mädchen) beziehungsweise 13. Lebensjahr (Knaben) der Entwicklungsstufe des Großkindalters an. Unter Berücksichtigung der von ihm aufgezeigten Merkmale durchlaufen die Kinder die Phase der „Festigung der kindlichen Strukturen" (MÖCKELMANN). Die körperliche Struktur ist recht ausgeglichen, das körperliche Leistungsvermögen gut. In dieser Phase sind die physischen, motorischen, geistigen, psychischen und emotionalen Voraussetzungen für den zielgerichteten Prozeß der körperlichen Vervollkommnung sehr günstig. „Bei günstigen Hebelverhältnissen verzeichnen die Mediziner fast einhellig eine Zunahme der Muskelsubstanz und Erhöhung der Widerstandsfähigkeit des Knochengerüstes. Innere Organe und Kreislaufsystem weisen eine hohe Anpassungsfähigkeit auf"[34]. Die Kinder dieses Alters haben schon eine sehr vollkommene Koordination der Bewegungen erreicht, sie verfügen über einen beträchtlichen Schatz an „eingefahrenen, sekundär automatisierten bedingt-reflektorischen Verbindungen"[35]. Die Bewegungsführung beim Laufen und Springen ist bei ihnen wesentlich genauer, rhythmischer und harmonischer als bei Kindern der ersten beiden Schuljahre. Feststellbar ist eine unterschiedliche körperliche Konstitution der Kinder. Sie gibt aber keineswegs unmittelbar Auskunft über deren Leistungsvermögen. Selbst schwäch-

---

[32] Rolf OERTER, Moderne Entwicklungspsychologie, Donauwörth 1967.
[33] Heinz REMPLEIN, Die seelische Entwicklung des Menschen im Kindes- und Jugendalter, München/Basel 1964.
[34] Karl KOCH, Grundschulturnen an Geräten, S. 94.
[35] Dragomir MATEEF, Über den frühzeitigen Einsatz des Unterrichtes in den verschiedenen Sportarten, zitiert nach Autorenkollektiv, 40 Turnstunden für die 3. und 4. Klasse, S. 10.

lich und unbeholfen erscheinende Kinder weisen gute sportliche Leistungen auf und besitzen eine hohe Beweglichkeit. Von Bedeutung ist die Tatsache, daß bei den 9/10jährigen nun deutlicher Leistungsunterschiede zwischen Jungen und Mädchen zu verzeichnen sind. Die Jungen sind in der Regel leistungsfähiger als die Mädchen, die nun schon geschlechtsspezifische Bewegungstendenzen erkennen lassen.

Im Vergleich zu den ersten beiden Schuljahren (6- bis 7/8jährige) ist bei den 9- bis 10jährigen in bezug auf die motorische Entwicklung und sensomotorische Leistungsfähigkeit ein beträchtlicher Fortschritt zu erkennen. Die Schüler erlernen neue Bewegungen nicht selten „auf Anhieb" (MEINEL). „Der motorische Leistungsfortschritt bezieht sich vor allem auf Bewegungen, die keine gleichzeitige Erhöhung der Folgenzahl, der Schnelligkeit und der Kraft verlangen"[36]. Damit grenzt UNGERER die sensomotorische Leistungsfähigkeit deutlich ein; denn in der Praxis wird der Begriff „bestes Lernalter" manchmal recht global ausgelegt.

b) Die Verhaltensmerkmale.

Die 9/10jährigen sind in der Regel ausgesprochen vital. Die Vitalität spiegelt sich vor allem in der Bewegungsfreude und Begeisterungsfähigkeit wider. Die 9/10jährigen vermögen recht aufmerksam zu sein, um möglichst genau nachzugestalten. „Es ist überraschend, wie wenig dazu nötig ist, daß das Neunjährige richtig reagiert. Ein einziges Erlebnis kann entscheidend werden." Für den Lehrer bedeutet das: Richtig motivieren und Anforderungen so dosieren, daß möglichst Erfolgserlebnisse eintreten. Der verfügbare Bewegungsreichtum der Kinder dieser Altersstufe führt zu starkem Bewegungsdrang (Mobilität). „Unternehmungslust, Lerneifer, wachsendes naives Selbstbewußtsein und kindlicher Wetteifer drängen zum Erlernen von Fertigkeiten und zur kindlichen Leistung"[37]. Da sich bei Kindern dieses Alters auch die Selbstverbesserung eigener fehlerhafter Leistungen feststellen läßt, ist es nun angebracht, ihnen vorzumachen und sie dann in Eigentätigkeit üben zu lassen. Das Kind nimmt kritisch Stellung zu seinen Leistungen und vergleicht sie mit denen anderer. Das Geltungsstreben ist der eigentliche Antrieb zur Selbstkritik. Die meisten Schüler entwickeln ein starkes Selbstgefühl, das sich aus dem Erkennen der körperlichen Leistungsfähigkeit ergibt. Vornehmlich die Knaben begrüßen im Sportunterricht Aufgaben, in denen sie ihr körperliches Können mutig unter Beweis stellen dürfen. Die ängstlichen Kinder werden durch den Ehrgeiz der anderen angespornt, ihnen an Mut und Können nicht nachzustehen. „Das Neunjährige nimmt sich bewußt vor, seine Geschicklichkeit zu verbessern"[38].

Sobald sie im Unterricht nicht gefordert werden, beginnen sie abzuschweifen. Sie begeben sich mit viel Geschrei in die Pause, um auf dem Schulhof unermüdlich zu

---

[36] Dieter UNGERER, Leistungs- und Belastungsfähigkeit im Kindes- und Jugendalter, Schorndorf 1967.

[37] Rahmenrichtlinien für die Leibeserziehung an den Schulen, in: Amtliches Schulblatt für den Regierungsbezirk Koblenz — Nr. 4 — April 1967, S. 52.

[38] A. GESELL, Das Kind von fünf bis zehn, S. 215.

laufen, zu springen und zu hüpfen, ohne jedoch Ziele zu verfolgen, die eine Ausdauerleistung erfordern. Dabei schließen sie sich in kleinen Spielgruppen zusammen, in denen sie ihre Leistungen in ständigem Konkurrenzkampf mit den anderen messen. Sie wissen um den Unterschied zwischen Arbeit und Spiel. Man kann beobachten, wie befreit sie in die Pause gehen, aber auch, wie konzentriert und ruhig sie wieder dem Unterricht folgen. Auf sehr natürliche Art wechseln Konzentration und Entspannung.

Die angeführten Entwicklungsvoraussetzungen werden am sinnvollsten genutzt, wenn ausgiebige Bewegungsmöglichkeiten geschaffen werden, eine Schulung der Bewegungsgeschicklichkeit erfolgt und „Leistungsarbeit" in sinnvollen Maßen geleistet wird. Gerade diese Altersstufe verlangt eine stärkere Betonung in bezug auf das Leisten. Nur gelegentlich wird die Leistung selbst als Erziehungsmittel einbezogen, doch dabei die begrenzte kindliche Leistungsfähigkeit bedacht.

Zusammenfassend kann gesagt werden, daß das Bewegungsvermögen und die Koordinationsfähigkeit des Kindes, sein Lernwille und seine Leistungsbereitschaft, seine Unbekümmertheit und sein Selbstvertrauen es zu schnellem und sicherem Erlernen neuer Bewegungsformen und zu guten Leistungen befähigen. Das aber sind die besten Voraussetzungen, um das Schwimmen zu erlernen[39].

Ausgehend von der Tatsache, daß häufig relativ wenige Kinder bereits Berührung mit dem Wasser eines Schwimmbeckens hatten oder schon Erfahrungen darin gesammelt haben, sollen zunächst geduldiges Bemühen um Teilerfolge und tatkräftige Unterstützung ein Vertrauensverhältnis zwischen Lehrer und Schüler schaffen. Auf der Basis dieses Vertrauens können Angst und Unsicherheit leichter abgebaut und in gesunde Sicherheit und Leistungsvermögen gewandelt werden. Dabei ist zu beachten, daß die Kinder durch geeignete Spielmöglichkeiten „abgelenkt" werden und sich weitgehend selbständig an das fremde Element gewöhnen dürfen. Dem Bewegungsdrang, dem Erlebnishunger und dem Leistungsvermögen wird in klug gewählten Spielen und Übungen Rechnung getragen.

3. Erziehungsaufgaben beim Schwimmanfänger

Einige Erziehungsaufgaben lassen sich besonders gut im Schwimmunterricht bewältigen. Zur besseren Übersicht seien sie in folgender Weise aufgezählt:
1. Erziehung zur Ordnung:
   a) Ordentliches Umziehen und Weghängen der Kleidung. Auf Verschluß der Schränke achten!
   b) Üben und Einhalten der geforderten Ordnungsformen.
   c) Reibungsloser Ablauf beim Spielen in einer größeren Gruppe.
2. Erziehung zu Sauberkeit und Hygiene:
   a) Gründliches Waschen vor Betreten des Schwimmbeckens. Absprühen der Füße mit einem Desinfektionsmittel nach Verlassen des Bades.

---

[39] Vgl. Peter Brockmann, Schwimmschule, S. 9.

b) „Anständiges" Verhalten im Wasserbassin (Toilette aufsuchen, Nase ins Taschentuch schneuzen — nicht ins Wasser).
3. Erziehung zur Selbständigkeit:
   a) Ohne Hilfen in einer fremden Umgebung auf sich allein gestellt An- und Auskleiden.
   b) In Einzelübungen.
4. Erziehung zur Ehrlichkeit:
   a) Selbständiges Werten.
   b) Gegenseitige Kontrolle beim Kreisbetrieb.
5. Erziehung zur Hilfsbereitschaft:
   a) Fördern der Schwachen durch Üben zu Paaren.
   b) Spontane Hilfe bei Unsicherheit eines Mitschülers.
6. Erziehung zur Rücksichtnahme:
   a) Keine verletzenden Bemerkungen gegenüber ängstlichen Kindern.
   b) Nicht gegenseitig bei einzelnen Spielen behindern.

4. Didaktisch-methodische Vorbesinnung

In der stofflichen Vorbesinnung wurde aufgezeigt, daß die Unterrichtseinheit — wie sie nachfolgend für die Praxis angeboten wird — sachlogisch aufgebaut ist. Im Frontalunterricht für die gesamte Schwimmabteilung und individualisierenden Unterricht für Partner- und Einzelarbeit soll sie bewältigt werden. Der differenzierende Unterricht wird nur gelegentlich für einzelne Leistungs- und Übungsgruppen angewendet.

Im Frontalunterricht vermitteln wir den Schülern vor allem ein Bewegungsvorbild und mit wenigen, prägnanten Worten neues Spielgut. Besonders wichtig sind der Einzelunterricht und das selbständige Üben in Eigen- oder Partnerarbeit. Für ängstliche, leistungsschwache und fortgeschrittene Kinder ist er von gleich hohem Wert. Der Wert liegt darin, „daß Auswahl, Form und Dauer der Übung ganz oder vorwiegend in der Entscheidung der Übenden selber liegen"[40]. Das schließt nicht aus, daß wir korrigierend und unterstützend eingreifen müssen. Nur das Was des Tuns wird bestimmt, das Wie bleibt frei. Den Ängstlichen und Schwachen soll das besondere Augenmerk gelten, damit auch ihnen jene Erfolgserlebnisse beschieden werden, die den normal befähigten und furchtlosen Kindern das Bewußtsein des Könnens und des Fortschritts vermitteln.

Wie in jeder anderen Sportstunde, so läßt sich auch in einer Unterrichtsstunde, die auf Wassergewöhnung abzielt, kein starres Schema anwenden. Es kann nur eine grobe Einteilung vorgenommen werden, die genügend Raum für Variationen und Initiative läßt. Daher wird die Stunde in drei Abschnitte gegliedert: in einleitenden Teil, Hauptteil und ausklingenden Teil. Im einleitenden Teil wird der Organismus vorbereitet. Es erfolgt eine „Erwärmung", mit der zugleich Freude und Interesse,

---
40 Peter Brockmann, Schwimmschule, S. 12.

Spiel- und Übungsbereitschaft geweckt und ein gewisser „Bewegungshunger" gestillt werden. Dann folgt im Hauptteil die Phase der Belastung, die vom psychologischen Standpunkt her Schulung der Aufmerksamkeit und des Leistungswillens bedeutet. Sie schafft Lern- und Leistungssituationen. Durch Spiele sollen Bewegungseigenschaften herausgebildet, Kenntnisse, Fähigkeiten und Bewegungsfertigkeiten vermittelt werden. Dabei erfahren nicht einzelne Teile des Körpers eine verstärkte Beanspruchung, sondern der Körper als Ganzheit muß Leistungsanforderungen gerecht werden. Belastung und Erholung sollen in vernünftigem Wechsel stehen. Der ausklingende Teil bewirkt eine Beruhigung. Er soll besonders das Gefühl der Freude noch einmal ansprechen. Kleine, bekannte Spiele vermitteln dem Schüler Frohsinn, das Glücklichsein über die eigene Leistung und das Bewußtsein einer Selbstüberwindung.

II. Unterrichtsbeispiele

1. Stunde

Schwerpunkte der Stunde: Gewöhnung an den Wasserwiderstand und an den Wasserdruck.

I. *Einleitender Teil:* 4—5 Min.

a) *Vorbereitung im Duschraum:*

Nachdem wir unsere Badebekleidung angezogen haben, begeben wir uns mit Seife und Lappen unter die Dusche. Unter warmem Wasser wird unser Körper gründlich gereinigt. Dann lassen wir das Duschwasser allmählich kälter werden.

Hinweis des Lehrers:

Dadurch gewöhnen wir uns an das etwas kältere Wasser des Schwimmbeckens und an die etwas kühlere Lufttemperatur der Schwimmhalle.

b) *Vorbereitung im Wasser:*

Wir haben keine Angst vor dem Wasser:

1. Wir fassen uns an den Händen und gehen in langer Reihe vorsichtig über die Treppe in das ganz allmählich tiefer werdende Wasser. Langsam bewegen wir uns im Gänsemarsch am Beckenrand (eine Hand an der Überlaufrinne) entlang und schwenken im hüfttiefen Wasser nach links, um im Kreis weiterzugehen. (Zwei bis drei Runden.) *(Abb. 1.)*

2. Jetzt lassen wir uns los und versuchen, etwas schneller durch das Wasser zu gehen. (Zwei Runden.)

c) *Vorbereitung an Land:*

1. *Wir gehen wie die Pferde:*[41]

---

[41] Auf die „Vorbereitungen an Land" kann dort verzichtet werden, wo mit kleineren Gruppen unterrichtet wird. Der Lehrer erspart sich beim Klassenunterricht jedoch viel Mühe im ohnehin besonderen Übungsumfeld einer Schwimmhalle und erhöht die Unterrichtsintensität, wenn er zu geeigneter Gelegenheit am Tage vorher seine Schüler mit den Übungsformen vertraut macht. Bietet die Schwimmhalle genügend Raum, kann auch dort diese Vorbereitung vorgenommen werden.

Wir stampfen, schlagen zu den Seiten, nach vorn und hinten aus, galoppieren, traben, springen, tänzeln, heben die Beine besonders hoch und setzen dann die Füße mit der ganzen Sohle fest auf dem Boden auf[42].

Abb. 1

Hinweis des Lehrers:
Beachtet die Rutschgefahr auf nassen Bodenstellen!

Zielangabe:
Wir wollen einmal versuchen, ob wir uns im Wasser ebenso leicht und schnell bewegen können wie auf dem Lande.

II. Hauptteil: 15—20 Min.

A. *Gewöhnung an den Wasserwiderstand:*

a) *Gehen auf der Stelle:*
1. Wir stampfen wie die Pferde und setzen dabei die ganze Fußsohle fest auf dem Beckenboden auf.
2. Jetzt schlagen wir wie die Pferde mit den Beinen nach allen Seiten hin aus. Dabei ziehen wir die Beine kräftig aus dem Wasser heraus und schlagen die Unterschenkel beim Durchstrecken der Füße nach oben.

---

[42] Durch das Herausgehen aus dem Wasser erwärmt sich der Körper ein wenig. Beim Wiedereintauchen empfinden die Kinder Nässe und Kälte nicht mehr so stark wie vorher. Erste Erfahrungen sind gesammelt, so daß die Zielangabe sinnvoll wird.

3. Wir stampfen wie scheue Pferde, die Angst vor dem Wasser haben, und gehen plötzlich — nach Überwindung der Angst — in ruhiges, spritzerloses Gehen über.

Abb. 2

b) *Gehen:*
1. Die „Pferde" gehen mit festem Stampfen weiter *(Abb. 2)*.
2. Sie drehen sich in Richtung Beckenrand und schlagen jetzt mit den Beinen kräftig nach vorn in das Wasser hinein, weil sie schnell wieder an das Land kommen wollen.
3. Sie haben sich etwas an das Wasser gewöhnt und gehen mit ruhigen, abwärts schlagenden Schritten wieder in das tiefere Wasser hinein.
4. Jetzt heben sie die Knie bis über den Wasserspiegel heraus und gehen mit stechenden Schritten.
5. Sie gehen mit lautlosem Eintauchen der Beine im Wasser umher, bekommen plötzlich Angst (Kommando des Lehrers) und rennen mit festem Eintauchen der Beine wieder an Land zurück.

Ergebnis:
Im Wasser können wir nicht so leicht, schnell und sicher gehen wie auf dem Lande.

c) *Armarbeit beim Gehen:*
1. *Vorbereitung an Land:*
   a) *Wir rudern (oder paddeln):*
      Wir gehen vorwärts, bewegen die Arme rückwärts und nutzen dabei die Handflächen als Schaufeln aus.
   b) *Rudern (oder paddeln) rückwärts:*
      Die Armbewegungen erfolgen vorwärts, das Gehen rückwärts.
2. *Im Wasser:*
   a) „Ruderboot" *(Abb. 3/4):*
      Siehe oben: Vorbereitung an Land.

Abb. 3

Abb. 4

b) „Doppelzweier":
Je zwei Schüler stehen hintereinander und gehen im gleichen Schritt durch das Wasser. Dabei tauchen sie die Hände und Unterarme gleichmäßig rechts und links in das Wasser *(Abb. 5)*.

Abb. 5

c) *„Lokomotive":*
Die Schüler sind in zwei Gruppen aufgeteilt. Sie stehen hintereinander, ihre Arme sind gebeugt, die Hände umfassen den Oberarm des Vordermannes *(Abb. 6)*. Dann setzt sich die „Lokomotive" fauchend und zischend in Bewegung. Sie bewegt sich in Kurven durch das Wasser, die „Kolben" arbeiten kräftig mit.

Abb. 6

Hinweis des Lehrers:
Ganz tief ein- und ausatmen!

Ergebnis:
Wenn wir die Arme und Hände zu Hilfe nehmen, können wir uns leichter und schneller im Wasser fortbewegen.

B. *Gewöhnung an den Wasserdruck:*
Wir begeben uns bis zum Hals in das Wasser.
1. Wir gehen angefaßt in breiter Linie vorsichtig bis in schultertiefes Wasser. Wir halten uns gegenseitig fest und atmen tief durch den Mund ein und aus *(Abb. 7)*.

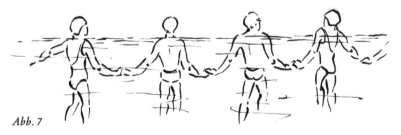

Abb. 7

2. *Wir spielen „Pumpe":*
Wir stellen uns gegenüber auf und fassen uns an den Händen. Einer erhebt sich in den Zehenstand, während der andere niederkauert, bis ihm das Was-

BILDTAFEL I

„Doppelzweier"

Wir spielen „Lokomotive"

„Pumpe" spielen —
abtauchen und auftauchen
mit Handfassung

Im Wasser „paddeln"

BILDTAFEL II

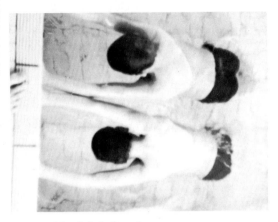

„Schaukelnde Boote"

Zähle meine Finger unter Wasser!

Die „Eisenbahn" muß durch den „Tunnel"

Wer kann sich in die Rückenlage heben?

BILDTAFEL III

Wir üben „Figurenliegen"

„Toter Mann" auf dem
Arm des Lehrers

„Fliegender Fisch"

Wer kann den Partner
„wie ein Boot" abschleppen?

BILDTAFEL IV

Ansatz zum „Hechtschießen"

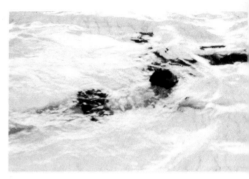

Das Gleiten des „Hechtes"

Wir springen „wie die Seelöwen"

Anschieben zum Gleiten durch den Lehrer

ser an den Mund reicht. Dann erfolgt ein wechselweises Kauern und Strecken. Dabei wird laut hörbar zischend durch den Mund ein- und ausgeatmet *(Abb. 8)*.

Ergebnis:
Im tiefen Wasser sind wir gezwungen, tiefer ein- und auszuatmen.

Abb. 8

III. *Ausklingender Teil:*   4—5 Min.

1. *Wettlauf:*
   a) Die Schüler nehmen entlang einer Beckenwand Aufstellung. Zunächst stellt sich der Lehrer an die gegenüberliegende Beckenwand, dann ins tiefere Wasser.

Abb. 9

Lehrer: Wer ist zuerst bei mir? *(Abb. 9.)*
Der Lehrer läuft vor den Kindern auf die gegenüberliegende Seite.
Lehrer: Wer holt mich ein?

b) Zwei Gruppen nehmen jeweils an den gegenüberliegenden Beckenrändern Aufstellung.

Lehrer: Welche Gruppe ist zuerst auf der anderen Seite? *(Abb. 10.)*
Hinweis des Lehrers:
Behindert euch nicht gegenseitig!

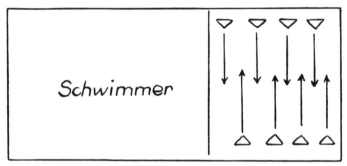

Abb. 10

2. *Wettkampf:*
 „Doppelzweier" stellen sich nebeneinander auf einer Seite des Schwimmbeckens auf.
 Lehrer: Welcher „Doppelzweier" ist zuerst auf der anderen Seite?
3. *Duschen:*
 Erst warm, dann kalt duschen und gründlich abfrottieren.

2. Stunde
Schwerpunkt der Stunde: Schulung der Atmung.

Abb. 11

I. *Einleitender Teil:* 4—5 Min.
a) *Vorbereitung im Duschraum:*
   Siehe 1. Stunde!
b) *Vorbereitung an Land:*
   Wir gehen mit hochgereckten Armen auf den Zehenspitzen und atmen dabei tief ein. Dann lassen wir uns in die Hocke fallen und atmen zischend und prustend aus.
c) *Vorbereitung im Wasser:*
   Schnell, unter Zuhilfenahme der Handflächen, ins Wasser laufen. (Drei- bis viermal wiederholen.) *(Abb. 11.)*
   Zielangabe:
   Heute wollen wir lernen, wie wir am zweckmäßigsten im Wasser ein- und ausatmen.

II. *Hauptteil:* 15—20 Min.
a) *Wir tauchen beim Ausatmen den Mund ins Wasser:*

Abb. 12

1. „Segelregatta" *(Abb. 12):*
   Jedes Kind kauert nieder, bis ihm das Wasser an den Mund reicht und bläst einen Tischtennisball mit kräftigem Pusten vor sich her.
   Lehrer: Wer ist zuerst auf der anderen Seite? (Drei- bis viermal wiederholen!)

2. „Wasser sieden" *(Abb. 13):*
   In Kauerstellung den Kopf vorneigen, bis sich der Mund im Wasser befindet. Nun kräftig durch den Mund ausatmen.
   Lehrer: Wer kann am längsten blubbern?

Ergebnis:
Wir können durch den Mund ins Wasser ausatmen, ohne daß wir dabei Wasser schlucken.

Abb. 13

b) *Wir tauchen beim Ausatmen das ganze Gesicht ins Wasser:*
  1. „*Wasser sieden*":
     Wir tauchen das ganze Gesicht ins Wasser und atmen durch Mund und Nase aus *(Abb. 14)*.
  2. „*Seelöwengebrüll*":
     Das Gesicht wird ins Wasser getaucht, der Kopf hin- und hergeschüttelt und dabei laut gebrüllt.

Abb. 14

Ergebnis:
Wenn wir durch Mund und Nase ins Wasser ausatmen, dringt auch kein Wasser in uns ein.

c) *Wir tauchen ganz ins Wasser ein und atmen dann aus:*
  1. „*Motorbootstrudel*" *(Abb. 15)*:
     Aufspringen, tief einatmen, sich in den Sitz auf den Bassinboden fallen lassen und unter Wasser durch Mund und Nase einen Luftblasenstrom ausstoßen.
     Lehrer: Bei wem kommen die meisten Blasen an die Wasseroberfläche?

2. „Kettenkarussell":
Wir fassen uns an den Händen und gehen langsam im Kreis. Nun tauchen wir abwechselnd reihum unter, blasen dabei die Luft ins Wasser und tauchen wieder auf.

Abb. 15

Ergebnis:
Selbst wenn wir ganz untertauchen, schlucken wir kein Wasser.

d) *Andere Spiele:* (zur vertiefenden Übung)
1. *Im tiefen Wasser „Motorboot fahren":*
   Die „Motorboote" blasen unter lautem Gebrumm die Luft in das Wasser. Sie rühren es dabei kräftig um.

2. *„Schaukelnde Boote" am Beckenrand:*
   Mit den Händen an der Überlaufrinne festhalten (Arme gestreckt), den Körper strecken, jedoch die Füße auf dem Boden lassen. Nun nach oben und unten, rechts und links schaukeln, untergehen, dabei ins Wasser ausatmen und wieder auftauchen.

III. *Ausklingender Teil:* 5 Min.
1. *Wir spielen „Pumpe":*
   Wie in der 1. Stunde, jedoch nun den Mund beim Ausatmen ins Wasser bringen.
2. *Wettlauf:*
   Wie in der 1. Stunde, aber diesmal in tieferem Wasser.
   (Drei- bis viermal!)

3. Stunde
Schwerpunkt der Stunde: Gewöhnung an den Aufenthalt unter Wasser (Tauchen).

I. *Einleitender Teil:* 4—5 Min.
   a) *Vorbereitung an Land:*
      Die Kinder stellen sich in zwei Reihen hintereinander mit gegrätschten Beinen auf. Jeweils das erste Kind krabbelt auf allen vieren zwischen den Beinen der Mitschüler durch und stellt sich hinten an.
   b) *Vorbereitung im Wasser:*
      Wir atmen tief ein und tauchen beim Ausatmen das Gesicht ins Wasser.
      Zielangabe:
      Heute wollen wir unter Wasser üben und einmal erfahren, wie man sich dort verhalten muß.

II. *Hauptteil:* 15—20 Min.
   a) *Wir bleiben so lange wie möglich unter Wasser:*
      1. „Hampelmann":
         Hüpfen auf der Stelle wie ein Hampelmann. Auf ein Zeichen das Gesicht tief ins Wasser eintauchen und möglichst lange unten bleiben. Ins Wasser ausatmen. Die Handflächen liegen stützend auf der Wasseroberfläche auf.

Abb. 16

   2. „Eisenbahnfahrt":
      Wir bewegen uns in einer langen Reihe, die Hände gefaßt, langsam durch brusttiefes Wasser. Zwei Kinder markieren einen Tunnel. Ihre Hände befinden sich auf Wasserhöhe. Die „Eisenbahn" fährt durch den „Tunnel". *(Abb. 16).*
      Anmerkung: Bei Übung 2 unbedingt Sicherheitsstellung durch den Lehrer!
   3. „Sinkendes Schiff":
      Wir tauchen langsam mit hochgereckten Armen unter, bis nur noch die Fingerspitzen zu sehen sind.

4. *„Schiff im Sturm"*:
   Das „Schiff" taucht mehrmals hintereinander unter. Dabei wird unter dem Wasserspiegel langsam ausgeatmet und nach dem Auftauchen schnell eingeatmet.
   Lehrer: Wer bleibt am längsten unter Wasser?

Abb. 17

Ergebnis:
Wenn wir gut eingeatmet haben, können wir eine Weile unter Wasser bleiben.
b) *Wir öffnen unter Wasser die Augen:*
   1. *„Finger zählen":* (Abb. 17)
      Zu zweien. Der erste streckt unter Wasser nahe vor den Augen seines untergetauchten Partners eine Anzahl Finger aus. Dieser versucht sie zu zählen.

Abb. 18

   2. *„Tunneltauchen":* (Abb. 18)
      Zwischen den gegrätschten Beinen der Mitschüler hindurchtauchen:
      A. Zu zweien üben: Ein Schüler grätscht die Beine, der andere taucht hindurch.

B. Zu mehreren üben: Zwei und mehr Schüler grätschen die Beine, einer taucht hindurch *(Abb. 19)*.
Anmerkung: Bei B. unbedingt Sicherung durch den Lehrer!

Abb. 19

3. *Wir spielen „Taucher":* (Abb. 20)
Verschiedene Gegenstände sind auf dem Beckenboden verstreut. Sie sollen heraufgeholt werden.
A. Große Ringe.
B. Kleine Ringe.
Lehrer: Wer holt die meisten Ringe heraus?
C. Geldstücke, Schlüssel, kleine Steine.
Lehrer: Derjenige, der mehr als zwei Gegenstände heraufholt, erhält einen „Leistungspunkt".

Abb. 20

Ergebnis: Nach kurzer Zeit der Gewöhnung bereitet es keine Schwierigkeiten mehr, die Augen unter Wasser offenzuhalten. Wenn wir unter Wasser genügend Luft in der Lunge haben, haben wir auch keine Angst.

III. *Ausklingender Teil:* 5 Min.
1. *Wettlauf:*
   Siehe 2. Stunde: III., 2!
2. *Wettlauf unter Wasser:*
   Wer kann unter Wasser laufen?
   Wer kommt am weitesten?

4. Stunde
Schwerpunkt der Stunde: Erleben des Auftriebes.

I. Einleitender Teil: 5 Min.
Vorbereitung an Land (Turnhalle, Mattenlage):
Wir stellen uns in zwei Linien gegenüber auf. Nun umfaßt jeder mit seiner rechten Hand sein linkes Handgelenk und mit der linken Hand das rechte Handgelenk seines Gegenübers *(Abb. 21)*. Alle Arme zusammen bilden eine Art Rinne. Einer hechtet sich auf die Arme. Unter „Hej ... hepp" wird er nun nach vorne geworfen. Am Ende der Reihe fängt der Lehrer ihn auf. Das gleiche erproben wir im Wasser.

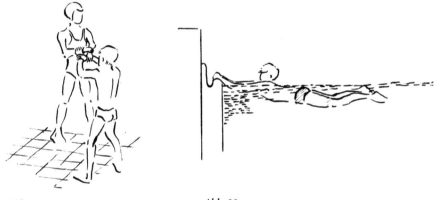

Abb. 21 *Abb. 22*

Zielangabe:
In dieser Stunde wollen wir nur „ganz faul" auf dem Wasser liegen.

II. Hauptteil: 20 Min.
a) *Spiele für einzelne Kinder:*
   1. „*Boote am Beckenrand*":
      Wir fassen den Beckenrand und schweben lang auf dem Bauch liegend, ausgestreckt im Wasser. Dabei schaukeln wir leicht hin und her *(Abb. 22)*.

2. *Auftreiben in Rückenlage:*
   Wir klammern uns mit den Unterarmen an der Überlaufrinne fest und schweben frei im Wasser *(Abb. 23).*

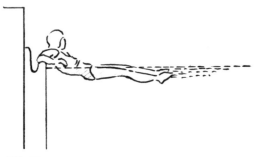

Abb. 23

3. *„Toter Mann":* *(Abb. 24)*
   Der Lehrer hält die Kinder mit der flachen Hand unter dem Rücken fest. Die Kinder legen sich lang ausgestreckt mit dem Rücken auf das Wasser, atmen in schneller Folge tief ein und bewegen die Hände in Höhe der Oberschenkel leicht hin und her.

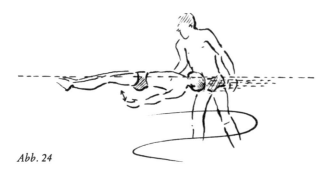

Abb. 24

Ergebnis:
Wenn wir genügend Luft in der Lunge haben und uns ein wenig bewegen, gehen wir nicht unter, sondern bleiben mit dem ganzen Körper an der Wasseroberfläche.

b) *Spiele in der Gruppe:*
   1. *„Ein Boot wirft Anker":*
      Ein Schüler faßt von hinten in die Achselhöhlen seines Partners, der die gestreckten Beine vom Boden löst. Durch Anhocken der Beine kommt er wieder zum sicheren Stand.

2. „*Figurenliegen*":
a) *Auf der Stelle: (Abb. 25)*
In Kreisaufstellung, das Gesicht gegen die Mitte, Schüler zu zweien abzählen. „Auf Zuruf legen sich die Einser, von den Zweiern gehalten, flach auf den Rücken, grätschen die Beine, so daß sie mit dem linken Fuß an den rechten Fuß des linken Partners kommen und mit dem rechten Fuß an den linken des rechten Partners stoßen. Die Zweier gehen in die Hockstellung bis zum Hals ins Wasser. Die Figur ergibt einen Stern. Dann führen die Zweier dasselbe aus"[43].

Abb. 25

b) *In Bewegung:*
Wie oben, jedoch nun im Kreis abwechselnd nach links und rechts seitwärts gehen.

Ergebnis:
Wenn wir gezogen oder geschoben werden, also in Bewegung sind, trägt uns das Wasser besser.

3. „*Fliegender Fisch*": *(Abb. 26)*
Siehe: I. Einleitender Teil!
Die Kinder befinden sich im hüfttiefen Wasser. Die Arme werden immer wieder ins Wasser gesenkt, so daß der „Fisch" auf den Wasserspiegel platscht. Am Ende der Reihe muß der Geworfene an den Händen aufgefangen und hochgezogen werden.

---

[43] Kurt WIESSNER, Natürlicher Schwimmunterricht, S. 60.

4. „Delphinschießen" (Vorübung):
Die Kinder werfen sich nach vorn in das Wasser und schweben einen kurzen Augenblick in waagerechter Körperlage[44].

Abb. 26

Ergebnis:
Wenn wir langgestreckt auf dem Wasser liegen, trägt es uns einen Augenblick.

III. *Ausklingender Teil:* 5 Min.
1. „Toter Mann":
Lehrer: Wer kann am längsten ohne Hilfe im Wasser schweben?
2. Freies Umhertollen im Wasser.

5. Stunde
Schwerpunkt der Stunde: Erlernen des Gleitens.
I. *Einleitender Teil:* 5 Min.
a) *Vorbereitung an Land:*
Die Kinder stellen sich mit dem Rücken gegen eine Wand. Der Körper ruht auf dem Standbein, das Sprungbein ist gegen die Wand gestemmt. Sie heben die Arme in Vorhalte und stoßen sich kräftig von der Wand ab. (Am besten in der Turnhalle einmal ausprobieren).
b) *Vorbereitung im Wasser:*
1. „Hampelmann":
Siehe 3. Stunde: Hauptteil: a), 1.
2. Aus der Schwebelage die Beine anhocken zum Stand.
Zielangabe:
Wir wollen heute „wie Schiffe" durch das Wasser dahinschießen.

---

[44] Dieses Spiel kann evtl. weggelassen werden. Es gilt als Vorübung für das „Delphinschießen" in der nächsten Stunde.

II. Hauptteil:
a) *Wir lassen uns ziehen:*
„Ein Boot abschleppen": (Abb. 27)

Abb. 27

A. *In Brustlage:*
Ein Schüler nimmt die Brustlage ein. Der Partner zieht den Mitschüler durch das Wasser.
Lehrer: Achtet genau darauf, daß der Partner gestreckt im Wasser liegt. — Wer kann ihn mit nur einem Finger ziehen?

B. *In Rückenlage:*
Ein Schüler erfaßt seinen Partner mit Achselgriff und geht dabei rückwärts. Der Partner versucht durch Stoßbewegungen der Beine das Tempo zu erhöhen *(Abb. 28)*.

Abb. 28

Ergebnis:
Wenn wir richtig gezogen werden, bleiben wir mit dem ganzen Körper an der Wasseroberfläche.

b) *Wir stoßen uns ab:*
   1. „*Hechtschießen*": *(Abb. 29)*
      Siehe: I. *Einleitender Teil: a) Vorbereitung an Land:*

Abb. 29

2. „*Delphinschießen*": (Abb. 30)
   Aus dem Stand werfen wir uns mit Vorschwingen der Arme auf das Wasser und gleiten so weit als möglich auf dem Wasser dahin.
   Lehrer: Wer kommt am weitesten?

Abb. 30

3. *Springen wie die „Seelöwen": (Abb. 31)*
   Wir springen in hüfthohem Wasser mit rundem Rücken, eingezogenem Bauch und vorgestreckten Armen vorwärts durch einen Ring, den zwei Schüler mit ihren Armen über dem Wasser bilden, um leicht gleitend ins Wasser hineinzuschlüpfen.
   Ergebnis: Wenn wir uns stark genug mit den Füßen abstoßen, bleiben wir auch an der Wasseroberfläche.

Abb. 31

c) *Wir werden angeschoben:*
   „Torpedo": (Abb. 32)
   1. Die Kinder stellen sich in einer Reihe hintereinander auf. Die beiden Kräftigsten stellen sich vor der Reihe einander gegenüber. Sie fassen sich an den Händen. Der erste aus der Reihe legt sich nun steif auf deren Arme und wird von ihnen mit kräftigem Schwung auf dem Wasser vorwärts geschoben. Er gleitet an der Wasseroberfläche dahin, Arme über dem Kopf geschlossen.

Abb. 32

   2. Ein Kind nach dem anderen legt sich mit dem Bauch auf die linke Hand des Lehrers und macht sich dann lang und steif. Der Lehrer faßt mit der rechten Hand die Fußsohlen des Kindes und schiebt es kräftig an, wobei er die linke

Hand losläßt *(Abb. 33)*. — Die anderen Kinder üben in der Zwischenzeit
"Hechtschießen".

Ergebnis:
Je mehr Schwung wir haben, desto länger bleiben wir an der Wasseroberfläche.

Abb. 33

III. *Ausklingender Teil:* 5 Min.
Wettkampf:
Wir stoßen uns von der Beckenwand ab und gleiten so lange es geht. Dann stoßen
wir uns vom Boden ab und gleiten weiter. Das wiederholen wir, bis wir auf Höhe
des Lehrers sind. Nun laufen wir so schnell wie möglich an die Bassinwand zurück
und machen das gleiche noch einmal. Wer zuerst wieder am Beckenrand ist, der hat
gewonnen.
(Zwei- bis dreimal!)

Schlußbetrachtung

Die Unterrichtsstunden der beschriebenen Unterrichtseinheit wurden in einem
Lehrschwimmbecken erprobt. Einmal wöchentlich suchten wir im Rahmen des regulären Schulunterrichts das Schwimmbecken auf. Die räumlichen und organisatorischen Voraussetzungen waren gut, Wasser- und Lufttemperatur der Anlage entsprachen den allgemeingültigen Forderungen. Als Mindestmaß einer gezielten Wassergewöhnung hat sich die Unterrichtseinheit bewährt. Mit den nachfolgend beschriebenen Kleinen Spielen eröffnen sich vielfache Variationsmöglichkeiten.

Anhang: Kleine Spiele und Übungsformen

Die in der Lehr- und Lerneinheit angebotenen Spiele und Übungen sind in der angegebenen Zeit durchaus zu bewältigen. Sie stellen keine zu hohen Anforderungen an die Schüler.
Wo es die Umstände zulassen, ist es empfehlenswert, zusätzliche, teilweise mit höherem Schwierigkeitsgrad versehene Spiele und Übungen anzubieten.

Abb. 34

Zur ersten Stunde:

1. *Wir schieben Gegenstände: (Abb. 34)*
Jeder Schüler hat einen schwimmenden Gegenstand (Schwimmbrett, Luftkissen, Schwimmring, Ball). Er faßt ihn mit beiden Händen und schiebt ihn vor sich her. Dabei durchpflügt er das Wasser so, daß an der Spitze des Gegenstandes ordentliche Wellen entstehen.

2. *„Sturm" im Schwimmbecken: (Abb. 35)*
Die Schüler stehen dicht nebeneinander an der Längsseite des Schwimmbeckens und halten sich mit beiden Händen an der Überlaufrinne fest. Die Arme sind lang gestreckt, die Füße stemmen im Stand dicht an die Wand. Auf Kommando des Lehrers ziehen die Kinder gleichmäßig die Hüfte heran und stoßen sie wieder vom Beckenrand weg. Durch diesen gleichmäßigen Druck und Zug entstehen richtige Wellen über die ganze Beckenhälfte.

3. *„Spritzschlacht": (Abb. 36 a/36 b)*
Die Schüler bilden einen Kreis. In der Mitte des Kreises steht der Lehrer. Die Schüler dürfen ihn nach Herzenslust bespritzen. Zunächst stehen sie mit dem Gesicht nach außen und spritzen mit beiden Händen nach hinten in den Kreis, dann drehen

sie sich um und spritzen nach vorn in den Kreis. Anschließend mit beiden Händen auf der rechten Körperseite und auch mit beiden Händen auf der linken Körperseite. Nun bespritzen sie mit der rechten Hand den rechten Nachbarn und mit der linken Hand den linken Nachbarn (gleichzeitig). Zum Schluß wird der Lehrer noch einmal tüchtig bespritzt.

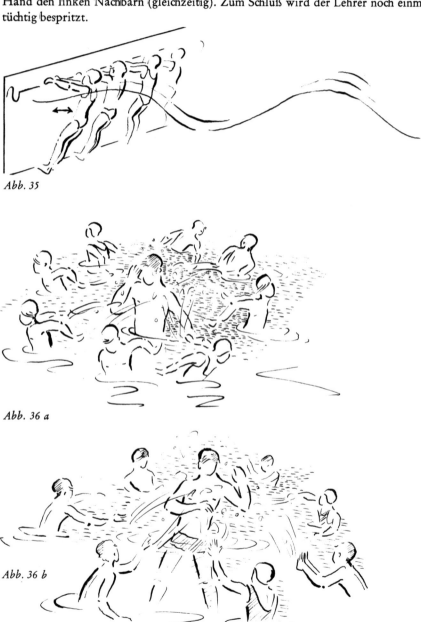

Abb. 35

Abb. 36 a

Abb. 36 b

4. *Zweierwettlauf:* (Abb. 37)
Die Schüler stehen am Absperrseil zu Paaren hintereinander. Der Hintermann stellt sich schnell vor seinen Partner, dieser sofort wieder vor seinen Vordermann.
Lehrer: Welches Paar ist zuerst am Beckenrand?

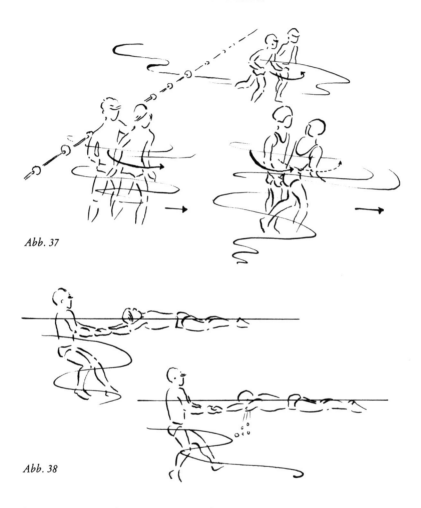

Abb. 37

Abb. 38

Zur zweiten Stunde:
1. „*Ein Boot abschleppen*": (Abb. 38, siehe dazu auch Seite 45)
Ein Schüler nimmt die Brustlage ein. Der Partner faßt seine Hände und geht rückwärts. Er zieht den Mitschüler durch das Wasser. Der gleitende Schüler dreht zur Einatmung den Kopf so zur Seite, daß ein Ohr auf dem Wasser liegt. Nach der Einatmung dreht er den Kopf zurück und atmet kräftig ins Wasser aus. (Diese Übung läßt sich auch mit dem Gleitbrett ausführen!)

2. *Bewußtes Ausatmen ins Wasser: (Abb. 39)*

Je drei Kinder erfassen einen Reifen (Plastik, Holz). Sie tauchen ihr Gesicht innerhalb des Reifens völlig ins Wasser und atmen so lange ins Wasser aus, bis auch „der letzte Rest" Luft aus der Lunge entwichen ist. Dann erst wird das Gesicht wieder aus dem Wasser genommen. Der Mund ist in dem Moment bereits geöffnet und zum Einatmen bereit.

Diese Übung wird mehrere Male hintereinander in rhythmischer Folge durchgeführt. (Erst 5mal, dann 10mal).

Zur dritten Stunde:

1. *Abwerfen mit dem Ball: (Abb. 40)*

Die Schüler stellen sich in zwei Linien (Linie 1, Linie 2) gegenüber auf — je eine Linie am Beckenrand. In der Mitte dazwischen steht eine dritte Linie (Linie 3) mit

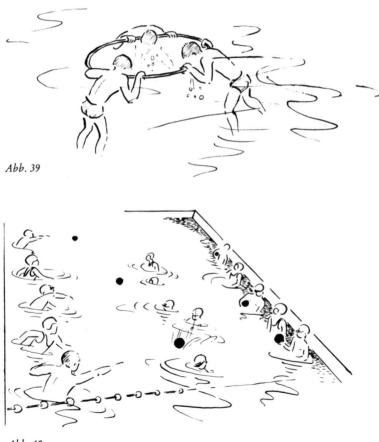

Abb. 39

Abb. 40

Blickrichtung zur Linie 1. Jeder zweite Schüler der Linie 1 hat einen Gymnastikball. Er versucht, die Schüler der Linie 3 abzuwerfen. Sobald ein Ball heranfliegt, tauchen die Schüler der Linie 3 unter. Nun wirft Linie 2. Die Schüler der Linie 3 schauen in ihre Richtung. Wird einer der Schüler von einem Ball getroffen, so wechselt er seinen Platz mit dem „Schützen".

2. *Bockspringen und Tauchen: (Abb. 41)*

Die Schüler stellen sich hintereinander mit einem Abstand von ungefähr zwei Metern auf. Schüler 1 steht in Bockstellung, Schüler 2 in weitem Seitgrätschstand usw. Der letzte Schüler überwindet diese Hindernisstrecke, indem er abwechselnd über den Bock springt und durch die gegrätschten Beine taucht. Wenn er alle Hindernisse überwunden hat, gibt er dem nächsten ein Zeichen und nimmt selbst eine entsprechende Stellung ein. (Diese Übung läßt sich auch als Staffelwettkampf durchführen!)

Abb. 41

Abb. 42

3. „Röhrentauchen": (Abb. 42)
Drei Schüler halten je zwei Reifen so in brusttiefem Wasser, daß sie auf dem Beckenboden stehen und eine „gedachte Röhre" bilden. Die Schüler tauchen der Reihe nach durch die „Röhre" hindurch.
Lehrer: Wer kommt am weitesten durch die Röhre? Wer bringt die meisten Reifen hinter sich?
4. *Tauchen als Wettkampf: (Abb. 43)*
Auf ein Kommando des Lehrers tauchen alle Schüler. Der Lehrer stellt mit Hilfe einer Stoppuhr oder durch Zählen fest, wie lange die einzelnen Schüler unter der Wasseroberfläche bleiben können. Beim Auftauchen eines Schülers ruft er ihm jeweils die ungefähre Sekundenzahl zu.

Abb. 43

Zur vierten Stunde:
1. *Spiele mit dem Ball: (Abb. 44)*
   a) Jedes Kind bekommt einen Gymnastikball. Zunächst drückt es den Ball unter Wasser, läßt ihn dann aber los und fängt ihn auf, wenn er aus dem Wasser springt.
   b) Die Schüler versuchen, den Ball unter den Beinen hindurch nach rückwärts springen zu lassen und ihn dann zu fangen.
   c) Die Schüler halten den Ball im Sitz mit den Knien fest, lassen ihn los und vergleichen, bei wem er am höchsten gesprungen ist.

Abb. 44

Abb. 45

2. *Die „Qualle": (Abb. 45)*

Wir atmen tief ein und springen mit den Füßen leicht vom Boden ab. Dabei hocken wir die Beine an und umfassen mit den Armen Knie und Unterschenkel. Wir senken den Kopf zur Brust hin und machen uns ganz klein. Dabei sinken wir zunächst etwas ab, treiben jedoch dann langsam bis an die Wasseroberfläche auf. Wir verharren in dieser Haltung und halten den Atem an so lange es geht.

3. *Streckschwebe: (Abb. 46)*

Zunächst führen wir die „Qualle" aus und warten, bis der Rücken an der Wasseroberfläche ist. Dann werden erst die Arme und anschließend die Beine gestreckt. Dadurch kommen wir in die Schwimmlage.

Lehrer: Wer kann besonders lange liegen bleiben?

Abb. 46

Abb. 47

Abb. 48

Abb. 49

Zur fünften Stunde:

1. *Rückwärts gleiten: (Abb. 47)*

Die Schüler fassen mit beiden Händen die Überlaufrinne und bringen ihre Füße so an die Beckenwand, daß sie in der Hockstellung daran hängen. Sie stoßen sich mit den Füßen ab und strecken sich. Dabei heben sie den Kopf leicht an, legen die Arme an die Oberschenkel oder nehmen sie über den Kopf ins Wasser. Dann gleiten sie ruhig so weit wie möglich durch das Wasser.

2. „*Baumstammflößen": (Abb. 48)*

Die Schüler stellen sich in zwei Linien dicht gegenüber auf, so daß eine enge Gasse entsteht. Ein Schüler am Anfang der Gasse wirft sich in die Hechtlage. Er wird von seinen Mitschülern als „Baumstamm" durch die Gasse geschoben und gezogen.

3. „*Hobeln": (Abb. 49)*

Zwei Schüler fassen einen auf dem Rücken liegenden Mitschüler, einer an den Händen, einer an den Fußgelenken. Im Stand ziehen sie ihn hin und zurück.

Zweckmäßige und gebräuchliche Organisationsformen im Gruppenunterricht

Gar zu oft sieht man in der Praxis des Anfängerschwimmunterrichtes ein kaum überschaubares Durcheinander. Wir fügen daher mit Hilfe von schematischen Zeichnungen zweckmäßige Organisationsformen an, die sich in der Praxis bewährt haben und engen Bezug zu unseren Modellstunden aufweisen.

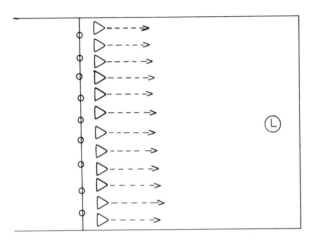

Aufstellung einer Gruppe von 12 Kindern zum Üben vom Absperrseil zum Beckenrand im Nichtschwimmerteil eines Schwimmbeckens (z. B. „Wettlauf").

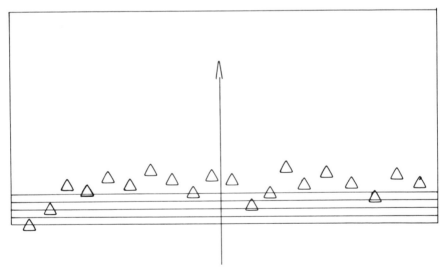

Aufstellung einer Klasse mit 20 Schülern zum schnellen Lauf in das Wasser eines Lehrschwimmbeckens.

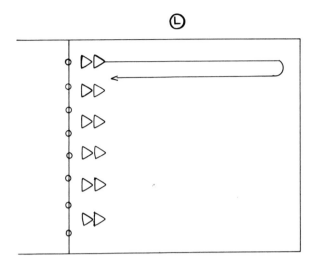

Aufstellung einer Gruppe von 12 Kindern zum paarweisen Üben (z. B. „Doppelzweier").

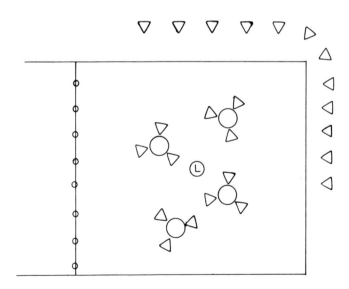

Aufstellung von 12 Kindern zum Üben in Dreiergruppen (z. B. Atemschulung).

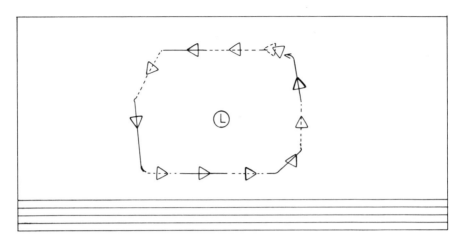

Aufstellung zum „Bockspringen und Tauchen".

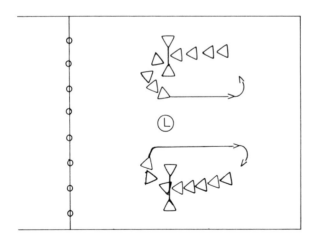

Aufstellung einer Klasse mit 20 Kindern in 2 Gruppen zum Üben der „Eisenbahnfahrt".

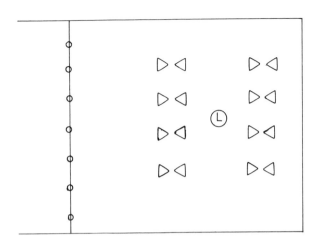

16 Kinder, aufgestellt zum paarweisen Üben (z. B. „Pumpe").

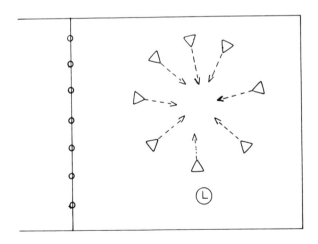

8 Kinder, aufgestellt zu Tauchübungen.

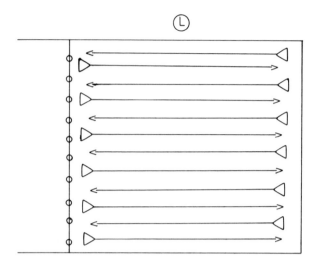

Aufstellung einer Schülergruppe von 12 Kindern zum Üben vom Absperrseil zur Beckenwand.

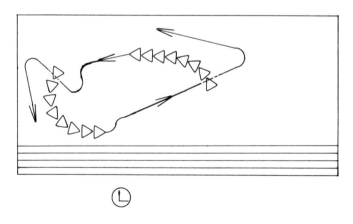

16 Kinder, aufgestellt zum Üben in 2 Gruppen (z. B. „Lokomotive").

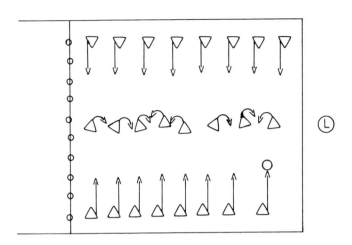

Aufstellung einer Klasse mit 24 Schülern in 3 Linien zum „Abwerfen mit dem Ball".

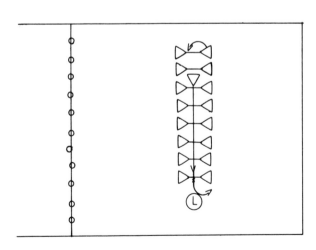

„Fliegender Fisch" mit einer Klasse von 16 Kindern.

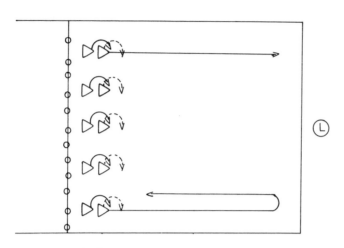

Paarweise Aufstellung einer Schülergruppe zum „Zweierwettlauf".

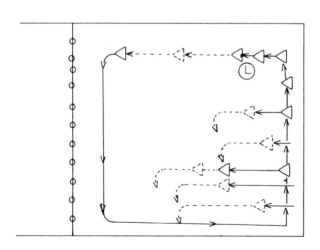

Aufstellung einer Klasse zum Üben des Gleitens.

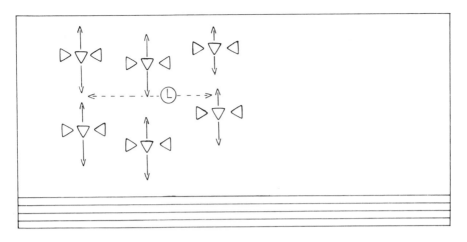

Aufstellung von 18 Schülern zum Üben in Dreiergruppen („Hobeln").

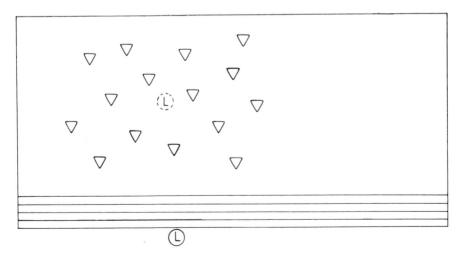

Aufstellung einer Klasse mit 15 Schülern zur Einzelarbeit.

Literaturverzeichnis

1. Amtliches Schulblatt für den Regierungsbezirk Koblenz — Nr. 4 — April 1967.
2. *Andreas, Paul:* Schwimmen. Lernen — Trainieren — Kämpfen, Frankfurt a. M. 1968.
3. Autorenkollektiv: Schwimmsport. Grundausbildung — Grundlagentraining, Berlin 1967.
4. Autorenkollektiv: Methodik des Sportunterrichts, Berlin 1966.
5. Autorenkollektiv: 40 Turnstunden für die 1. und 2. Klasse, Berlin 1963.
6. Autorenkollektiv: 40 Turnstunden für die 3. und 4. Klasse, Berlin 1964.
7. *Altrock, Hermann* und *Karger, Heinz:* Die pädagogische und organisatorische Aufgabe, Bd. I, Frankfurt a. M. 1961.
8. *Barany, Istvan:* Schwimmunterricht für Kinder, Budapest 1961.
9. *Bach, Heinz:* Die Unterrichtsvorbereitung, Hannover 1967.
10. *Braecklein, Heinz:* Methodische Übungsreihen im Schwimmen, Schorndorf 1969.
11. *Boppart, Armand:* Schwimmanleitung, in: Beiheft zur Zeitschrift „Die Körpererziehung", Basel 1935.
12. *Brockmann, Peter:* Schwimmschule. Arbeitshilfen für den Schwimmunterricht, Frankfurt a. M. 1967.
13. *Buonaccorsi di Pistoja, A. Graf von:* Anleitung zur Ertheilung des Schwimmunterrichtes mit besonderer Rücksicht auf den theoretischen Vorunterricht, zunächst für Lehrer, sowie für Lehrer- und Lehrerinnen-Bildungsanstalten, Wien 1880.
14. *Geiger, Erwin* und *Grindler, Karlheinz:* Fröhliches Tummeln und Spielen, Stuttgart 1963.
15. *Häusler, Walter:* Leibesübungen, in: Handbuch für Lehrer, Gütersloh 1961.
16. *Hanebuth, Otto:* Grundschulung zur sportlichen Leistung, Frankfurt a. M. 1964.
17. Interverband für Schwimmen IVSCH: Schweizerische Schwimmschule, Baden 1958.
18. *Jent, F.:* Schwimmen — Ein Lehrbuch für alle, Basel 1933.
19. *Klemm, Franz:* Grundschule des Schwimmens, Frankfurt a. M. 1965.
20. *Koch, Karl/Mielke, Wilhelm:* Die Gestaltung des Unterrichts in der Leibeserziehung, Teil I, Schorndorf 1968, 2. Auflage 1970.
21. *Koch, Karl:* Grundschulturnen an Geräten, Schorndorf 1966, 3. Auflage 1970.
22. *Koch, Karl:* Laufen, Springen, Werfen in der Grundschule, Schorndorf 1968.
23. *Kofink, Adolf:* Spiel und Spaß im kühlen Naß, Frankfurt a. M. 1959.
24. *Kofink, Adolf:* Wasserratten, Celle 1969.
25. *Korte, Fritz:* Vom Nichtschwimmer zum Rettungsschwimmer, Sonderdruck aus „Der Lebensretter", Düsseldorf 1966.
26. *Kroh, Oswald:* Die Phasen der Jugendentwicklung, Weinheim-Berlin 1960.
27. *Lewin, Gerhard:* Schwimmen mit kleinen Leuten, Berlin 1967.
28. *Lorenzen, Hans:* Schwimmlehre. Baden und Schwimmen mit Kindern. Retten, Wuppertal 1965.
29. *Marker, Johann:* Das Schwimmen der Zaghaften und Ängstlichen, Berlin 1935.
30. *McGraw, Myrtle:* Wie ein Fisch im Wasser — Die Schwimmbewegungen der Neugeborenen, in: Spielen und Lernen, Velber bei Hannover, Februar 1969.
31. *Meinel, Kurt:* Bewegungslehre, Berlin-O 1963.
32. *Mester, Ludwig:* Grundfragen der Leibeserziehung, Braunschweig 1962.
33. *Meusel, Heinrich:* Grundschule der Leibesübungen, Berlin 1956.
34. *Meusel, Heinz:* Sportliche Grundausbildung, Frankfurt a. M. 1966.
35. *Mielke, Wilhelm:* Schwimmenlernen — erproben und üben, Schorndorf 1963, 3. Auflage 1970.
36. *Möckelmann, Hans:* Leibeserziehung und jugendliche Entwicklung, Schorndorf 1967.
37. *Oerter, Rolf:* Moderne Entwicklungspsychologie, Donauwörth 1967.
38. *Remplein, Heinz:* Die seelische Entwicklung des Menschen im Kindes- und Jugendalter, München/Basel 1964.

39 Richtlinien für die Volksschulen in Rheinland-Pfalz, Runderlaß Min. f. U. u. K. vom 29. 3. 1957.
40 *Rösch, Heinz-Egon:* Staffelspiele und Wettkämpfe, Frankfurt a. M. 1966.
41 *Rüssel, Arnulf:* Das Kinderspiel, München 1953.
42 *Scheuerl, Hans:* Das Spiel, Weinheim/Berlin 1968.
43 *Schlecht, Wilhelm:* Leibeserziehung, München 1953.
44 *Stoffer, Hellmut:* Die Magie des Wassers, Meisenheim am Glan 1966.
45 *Tegethoff, Franz:* Vom Nichtschwimmer zum Freischwimmer, Berlin 1953.
46 *Thörner, Walter:* Biologische Grundlagen der Leibeserziehung, Bonn 1959.
47 *Ungerer, Dieter:* Leistungs- und Belastungsfähigkeit im Kindes- und Jugendalter, Schorndorf 1967.
48 *Wagner, Hugo:* Pädagogik und Methodik in der Leibeserziehung, Bd. II, Paderborn 1967.
49 *Wiemann, Kurt:* Spielt mit, Frankfurt a. M. 1964.
50 *Wießner, Kurt:* Natürlicher Schwimmunterricht, Wien 1950.

Anschrift des Verfassers:

Wolfgang Heinrich
Wiesenstr. 17
57539 Etzbach

Norbert Gildenhard

Vielseitiges Anfängerschwimmen in Schule und Verein

Ein Kursprogramm in Stundenbildern

2., erweiterte Auflage 1986

1977. DIN A 5, 184 Seiten, ISBN 3-7780-9132-8
(Bestellnummer 9132)

In allen Veröffentlichungen, die aus dem wachsenden Interesse am Vorschulalter resultieren, wird die geradezu elementare Bedeutung von Bewegung, Spiel und Sport für die Altersstufe der vier- bis sechsjährigen Kinder deutlich. In dem breitgefächerten Angebot der sportlichen Bewegungserziehung für diese Altersstufe nimmt das Schwimmen eine Sonderstellung ein. In der Praxis gehören Schwimmkurse für Vorschulkinder vor allem in vielen Vereinen des Deutschen Schwimmverbandes schon zum ständigen Übungsprogramm. Auch in verschiedenen Kindergärten werden schon Schwimmkurse durchgeführt. Immer wieder wurden jedoch in den letzten Jahren aus dem Kreis der Übungsleiter, Erzieherinnen und Schwimmlehrer der Eingangsstufe — durch die vielerorts ein Übergangsraum von der Vorschule zur Schule geschaffen wird — Wünsche nach einem Handbuch laut, das die besonderen Gegebenheiten und Probleme eines Schwimmkurses mit Vorschulkindern und Schulanfängern berücksichtigt. Das vorliegende Buch ist somit als Leitfaden für Ausbilder im Verein, für Erzieherinnen und für den Schwimmunterricht in den ersten beiden Grundschulklassen gedacht. Den Hauptteil des Buches bilden 15 ausführliche Stundenbilder für einen Anfängerkurs mit fünf- bis siebenjährigen Kindern. In diesen Stundenbildern wurde besonderer Wert auf genaue Angaben über die Anwendungsmöglichkeiten verschiedener Hilfsgeräte — darunter vor allem Flossen — und auf zweckmäßige Organisationsformen gelegt. Die Grundlage des Kursprogrammes sind drei Prinzipien, die bisher im Anfängerschwimmen kaum berücksichtigt wurden: Vielseitigkeit und Kombination sowie die Integration von Wassergewöhnung und „Schwimmenlernen". In Anwendung dieser Prinzipien umfaßt das Übungsangebot des Kursprogramms alle Schwimmarten und zusätzlich Kombinationen verschiedener Schwimmarten zu „Mischtechniken". Das Erlernen und Üben der Schwimmbewegungen und die Wassergewöhnung bilden dabei von der ersten Stunde an eine Einheit. Das Kursprogramm bzw. die ihm zugrunde gelegten Prinzipien wurden inzwischen schon mehrfach in Schule, Verein und Kindergarten mit Erfolg erprobt und angewandt.

Verlag Karl Hofmann · 73603 Schorndorf
Postfach 1360 · Telefon (0 71 81) 402-125 · Telefax (0 71 81) 402-111

Frank-Joachim Durlach

Spielen Bewegen Schwimmen

Handreichungen
zum Schwimmen mit Kindern
im Vorschul- und Grundschulalter

1994. DIN A 5, 144 Seiten, ISBN 3-7780-3340-9
(Bestellnummer 3340)

Wasser ist durch seine besonderen physikalischen Eigenschaften für entwicklungsauffällige und behinderte Kinder ein besonders gut geeigneter Bewegungsraum. Wasser stellt ihrer Bewegung weit weniger Barrieren in den Weg, wie dies außerhalb des Wassers der Fall sein kann.
Unter diesem Hintergrund versuchen diese Handreichungen deutlich zu machen, daß die Bewegungswelt Wasser weit mehr sein muß wie nur schnelles Lernen von Schwimmtechniken. Es hat den Anspruch, eine große Vielfalt an Erfahrungs- und Lernsituationen mit und im Element Wasser aufzuzeigen, und will dem Leser deutlich machen, daß der Erwerb von Handlungsfähigkeit im Wasser wichtigstes Unterrichtsziel darstellt.

Im ersten (Theorie)Teil werden folgende Themen abgehandelt:
— die Sinnrichtung von Schwimmunterricht in diesem Altersbereich;
— eine aus der Praxis heraus entwickelte Methode für gehemmte und ängstliche Kinder;
— wichtige methodische Gesichtspunkte und organisatorische Hilfen für den Schwimmunterricht;
— Sicherheits-, Aufsichts- und Sorgfaltspflicht, verbunden mit Leitlinien für einen sicheren Schwimmunterricht.

Im zweiten, umfangreicheren Teil werden konkrete Inhalte aufgezeigt wie z. B.:
— die Übertragung bekannter Fortbewegungen ins Wasser;
— der Einsatz verschiedenster Materialien im Wasser;
— Kleine Spiele im Wasser;
— der Erfahrungs- und Lernbereich Gleiten;
— der Erfahrungs- und Lernbereich Auftreiben;
— das Springen vom Beckenrand ins Wasser;
— die Schwimmtechniken.

 Verlag Karl Hofmann · 73603 Schorndorf
Postfach 1360 · Telefon (0 71 81) 402-125 · Telefax (0 71 81) 402-111